Sommaire

Introduction

Comment j'ai changé de vie

Au moment où j'écris ces lignes, je vais sur mes quarante-deux ans. Il y a seize ans, j'ai épousé un homme qui a trente ans de plus que moi, nous avons deux enfants (de quatorze mois et quatre ans et demi) et vivons entre Paris et la jolie ville d'Anglet sur la côte basque, où Alain a fait l'essentiel de sa carrière politique. J'ai voulu écrire ce livre car il est temps pour moi de dresser un bilan des huit dernières années au cours desquelles j'ai expérimenté le Feng Shui et le coaching de vie auprès des particuliers et des entreprises. Il est possible de faire du Feng Shui bien plus qu'un outil technique d'analyse et de gestion de notre espace-temps si nous y ajoutons hauteur de vue et perspective. Dans ces pages, je souhaite vous transmettre un condensé des enseignements que j'ai reçus et des leçons que j'ai tirées, mais aussi le fruit des expériences qui ont été vécues par certains de mes clients et de mes proches. Cet ouvrage est avant tout à votre service.

Il m'arrive souvent de recevoir des appels ou des mails qui me disent : « *J'ai l'impression qu'il y a un blocage chez moi, mais je ne sais pas quoi exactement* » ou encore « *Je n'ai jamais vraiment réussi à aménager cet espace et je sens que l'énergie tourne en rond* ». Ces intuitions sont le signe que nous avons un pas en avant à effectuer dans la lecture et la compréhension de nous-mêmes et de notre monde, et que la gestion de l'espace peut nous donner des clefs, voire apporter un éclairage sous un angle nouveau. Cette singularité dans le lien entre notre psyché et notre façon d'habiter les lieux, je l'ai inscrite dans une méthode originale que j'ai développée ces dernières années, et que l'on pourrait appeler « la pleine conscience dans l'habitat », en écho à la « méditation de pleine conscience » développée par le professeur Jon Kabat-Zinn[1]. Elle permet d'ouvrir des portes inconscientes et de faire passer bien des messages sur tous les plans qui nous constituent.

Je pense que l'on se fait beaucoup de bien en prenant soin de chez soi, non pas en créant l'ambiance qui nous fait rêver sur les blogs de décoration, mais en sondant notre for intérieur sur ce qui donne la qualité et fait la beauté de notre quotidien et dans la perspective de notre vie tout entière. Parce que l'art et la beauté se complètent, c'est à un véritable art de vivre dans la beauté intérieure et l'harmonie auquel je vous invite. Car je considère que tout commence à l'intérieur : si vous voulez vivre dans l'amour, c'est l'amour inconditionnel qu'il vous faut commencer à cultiver ; si vous voulez vivre dans la joie, c'est la joie intérieure que vous devez entretenir ; si vous souhaitez vivre en paix, c'est en fomentant la paix à l'intérieur de vous et de chez vous que vous y arriverez. Ensuite, votre devoir est de transmettre ces vertus à l'extérieur : en les affichant chez vous, c'est-à-dire en les incarnant, vous les trans-

1. Jon Kabat-Zinn est professeur de médecine. Il a fondé la Clinique de réduction du stress et le Centre pour la pleine conscience en médecine, à l'Université médicale du Massachusetts aux États-Unis. Il est l'auteur de nombreux livres dédiés à cette pratique.

crivez dans votre réalité extérieure et en faites bénéficier ceux qui vous entourent.

En 2008, j'ai décidé de changer de vie. J'avais besoin de dépasser des blocages dans ma vie personnelle et j'ai choisi pour cela d'investir différemment le terrain professionnel. Je me suis formée au coaching de vie. J'ai cherché l'école qui allait me convenir, entre pratique et théorie, et j'ai axé mon apprentissage sur l'intuition. J'ai annoncé à mon entreprise que je me donnais entre dix-huit et vingt-quatre mois pour entamer un nouveau virage professionnel, et je me suis engagée à trouver mon successeur. Parallèlement, quelques mois plus tard et pour mon propre plaisir, j'ai commencé une première formation en Feng Shui.

La méthode du coaching intuitif, je l'ai acquise peu à peu, à travers les stages, les lectures, les consultations, les rencontres et l'indispensable recherche en profondeur sur moi-même qui n'a jamais cessé jusqu'à aujourd'hui – et s'est même intensifiée au fil des ans. Je me souviens des tout premiers coachings que je pratiquais : heureusement on a toujours des amis qui se proposent d'être nos cobayes. J'étais nerveuse, à l'affût du résultat et que la magie opère. J'étais exigeante, scolaire, lente aussi. Bref, en apprentissage, mais tellement dans mon élément.

Au fur et à mesure que les premiers « vrais » clients commençaient à frapper à ma porte, la sensation d'être à ma place se renforçait. Depuis, chaque séance me met au défi, chaque prise de conscience en est une pour moi aussi, chaque travail personnel me fait grandir autant qu'il fait grandir mon client. La pression est toujours un peu là, mais quel plaisir d'être dans le « flux » de la vie, de s'autoriser à suivre le courant de la rivière plutôt que de s'épuiser à nager à contre-courant. J'ai compris tardivement que l'on est aligné avec notre mission de vie lorsqu'on fait le métier dont on a besoin : le coaching m'a permis de me responsabiliser et de passer à l'action au lieu d'attendre passivement que les événements décident pour moi.

> « IL N'Y A PAS DE DÉCISION PLUS IMPORTANTE ET COURAGEUSE DANS LA VIE QUE CELLE DONT ON ACCEPTE QU'ELLE NOUS BOUSCULE EN PROFONDEUR. »

Quant au Feng Shui, cet art ancestral chinois des plus complexes, il m'a donné des clefs pour mieux manifester mon énergie. Toute petite, j'étais fascinée par l'Asie et plus particulièrement par la Chine. Je me souviens que j'étais profondément attirée par l'art des estampes et les rizières verdoyantes. Sans doute la réminiscence d'une vie antérieure, ce qui me sera confirmé en 2013 lorsque j'éclatai en sanglots en posant le pied dans la Cité interdite à Pékin, avec l'impression de revenir « à la maison ».
Comme beaucoup, j'étais d'abord séduite par le côté superficiel et « déco » de ce que j'avais entendu du Feng Shui. J'ai vite compris qu'il n'en était rien, et qu'il s'agissait

d'un outil de compréhension, d'analyse et de connaissance de soi et de notre environnement, tant au niveau micro que macro. J'ai pris mon temps pour l'aborder, car il convient avant tout de « débrancher » notre cerveau occidental pour appréhender les grands principes du qi[2].

Ma pratique d'experte en Feng Shui traditionnel est désormais intimement liée à celle de coach en développement personnel. Je ne peux imaginer l'une sans l'autre. Toutes deux relèvent d'un accompagnement personnalisé, dans l'intime et la profondeur de nos besoins et convictions. Être formée au coaching de vie, lorsqu'on entre dans l'intimité de la maison d'une personne ou d'une famille, est une aide précieuse à l'écoute, la compréhension et la recherche de solutions de bien-être, tant physique qu'émotionnel. C'est avec beaucoup d'admiration et de respect que j'accueille chaque nouveau client, pour qui le premier pas est souvent difficile. Je vous trouve toutes et tous courageux et loyaux envers vous-mêmes. Lorsque vous entrez dans mon cabinet ou m'ouvrez la porte de chez vous, c'est que vous êtes prêts à changer. Et il n'y a pas de décision plus importante et courageuse dans la vie que celle dont on accepte qu'elle nous bouscule en profondeur.

Dans cet ouvrage, je vous propose de découvrir la face cachée de votre intérieur. Mon approche n'est nullement scientifique mais empirique. Parce que je pense qu'on ne transmet bien que ce que l'on a expérimenté, digéré et

2. Le qi représente l'énergie, ou souffle vital, dans la pensée chinoise.

intégré au plus profond de soi, je ne livre ici que des expériences vécues.
À la fin de chaque chapitre, vous trouverez une clef pour vous aider à mettre en place cette nouvelle hygiène de vie intérieure que je vous propose de découvrir. J'ai introduit ces rituels dans ma vie personnelle, je les recommande à mes proches et à mes clients en fonction des problématiques qu'ils rencontrent. Chaque clef correspond ainsi à une prise de conscience. Un exercice qui vous convient doit être un point de référence pour votre psyché, afin de devenir progressivement un réflexe automatique.
Il n'existe pas de méthode unique et parfaite. Faites toujours confiance à votre ressenti, prenez votre temps, imprégnez-vous de l'état d'esprit, et adaptez chaque étape à votre personnalité et votre mode de vie. Je suis une adepte de la flexibilité et de l'autonomie, tant qu'elles s'inscrivent dans la persévérance et la détermination.
La maison est un point de départ, un lieu d'expérimentation du bien-être. Le Feng Shui, l'intuition et la pure conscience sont vos outils. Vous êtes l'artisan de votre propre réussite et de votre transformation. Amusez-vous, sautez dans l'inconnu, changez votre vie en changeant vos habitudes, et découvrez au fil de ce parcours, une méthode qui, j'espère, fera briller le cœur et la conscience de votre harmonie intérieure.

Clef 1

Vous redonner de l'énergie

On parle parfois du Feng Shui comme de l'acupuncture de la maison. En effet, dans la maison comme dans notre corps, tout est avant tout énergie. Les Chinois parlent de qi. J'ai mis longtemps à intégrer cette notion fondamentale. J'ai d'abord essayé de la comprendre dans ses différents aspects techniques, à travers des exemples concrets. J'avais bien une vague idée de ce que cela signifiait, mais ma conception restait essentiellement mentale. C'est alors que j'ai « rencontré » le qi gong, cette gymnastique chinoise millénaire qui agit sur le corps et l'esprit grâce à la maîtrise de l'énergie. Elle est l'une des cinq branches de la médecine traditionnelle chinoise (MTC) et a pour but de favoriser la santé et la longévité. Le qi gong, qui intègre le mouvement, le souffle et l'esprit, aide à canaliser l'énergie tout en apportant vitalité, équilibre et calme intérieur. Une séance de qi gong équivaut pour moi à une méditation profonde dans la pure conscience, qui engage toutes les parties en moi, du plus visible à l'invisible. J'en ressors toujours les idées claires, le cœur léger, le corps détendu et je me sens plus disponible. Son impact dure plusieurs jours, et les semaines « sans qi gong » sont indéniablement plus longues et laborieuses. La forme que j'ai choisie est particulière : il s'agit d'un qi gong dit « statique » enseigné par Gabrielle Dumont. Cette pratique consiste à privilégier l'ancrage, en alternant les phases de postures Yin avec les phases de mouvements Yang, en garantissant à tout moment la posture la plus équilibrée, le mental et le corps relâchés, et l'élévation naturelle vers le ciel. C'est dans ce lâcher-prise conscient que j'ai pris la mesure de la force de l'énergie qui règne en nous et autour de nous. Les Chinois parlent d'énergie interne et d'énergie externe. Notre énergie interne est un véritable carburant. Invisible, elle est pourtant fondamentale. Elle circule dans les méridiens de nos corps subtils et fait en quelque sorte le lien entre intérieur et extérieur. Elle est déterminée par plusieurs facteurs, fruits de notre histoire au sens large, y compris celle de nos ancêtres, de nos choix à nos modes de vie, notre alimentation et notre condition physique, émotionnelle et psychologique. Notre patrimoine énergétique est un capital de départ, il est activé au moment de notre première inspiration à l'arrivée sur terre et influencé ensuite par notre environnement et nos choix de vie. C'est cela que nous étudions entre le Bazi (« les quatre piliers de la destinée »), autrement dit l'astrologie chinoise, et le Feng Shui, qui consiste à vivre dans un environnement aux potentialités favorables.

Au fur et à mesure de la vie, notre hygiène, nos comportements – et j'ajouterais même les intentions que l'on émet, c'est-à-dire nos pensées profondes – impactent la qualité de notre énergie, par conséquent notre vitalité et notre santé. Il semblerait que notre patrimoine génétique ne soit pas l'unique déterminant de ce que nous vivons, et c'est une excellente nouvelle. Les scientifiques s'intéressent désormais à ce phénomène que l'on appelle l'épigénétique. Joël de Rosnay en parle merveilleusement dans son ouvrage *La symphonie du vivant*[1]. Il est désormais prouvé qu'à travers notre style de vie ou notre état émotionnel, nous sommes en grande partie responsables de notre état de santé. Si nous privilégions au quotidien des sentiments de crainte ou de ressentiment, notre organisme sécrètera les molécules associées à ces états et en prendra l'habitude. Cela va jusqu'à impacter le fonctionnement de nos cellules, de nos organes et de l'ensemble de notre corps, entraînant des dysfonctionnements plus ou moins graves, à plus ou moins long terme. Mais allons plus loin. Notre psyché va être aussi touchée et, avec elle, notre aura. Cette dernière – dans laquelle nous retrouvons les méridiens, chakras et différents « corps subtils »[2] – recevra cette vibration émise dans notre corps et en tirera les conclusions. Par résonance, aux messages de doute ou de peur émis par notre volonté, l'énergie « externe », c'est-à-dire notre environnement, répondra par... des événements nous confrontant à nos doutes et nos peurs (maladie, incidents, difficultés relationnelles, etc.). C'est alors la spirale de la victimisation, pouvant aller jusqu'à la névrose, qui se met en route.

L'énergie externe se met au diapason de notre énergie interne et de nos intentions. Mais aussi à leur service. Il ne tient qu'à nous d'exercer notre résilience et de cultiver dès que possible des sentiments bienveillants et positifs, ou à tout le moins neutres pour commencer. Sans aller

1. *La symphonie du vivant – Comment l'épigénétique va changer votre vie*, de Joël de Rosnay aux éditions Les Liens qui Libèrent.
2. Dans la médecine ayurvédique (traditionnelle indienne), les corps subtils, tout comme les chakras principaux, sont au nombre de sept : physique, éthérique, astral, mental, causal, bouddhique et divin.

jusqu'à adopter la méthode Coué en toutes circonstances, il est certain que chacun d'entre nous peut chaque jour rouspéter et juger un peu moins, positiver un peu plus, et sourire encore davantage.

En Feng Shui, lorsque nous parlons d'énergie, un principe nous vient immédiatement à l'esprit : celui de la circulation. Le principe de circulation du qi vous paraît évident lorsque votre acupuncteur évoque les méridiens qui nourrissent en souffle vital votre organisme d'un bout à l'autre de votre corps. Dans la maison s'applique le même principe. Nous utilisons les mêmes grilles d'analyse et de lecture que la médecine traditionnelle chinoise, le Feng Shui étant parfois considéré comme l'une de ses branches. Ainsi, les cinq éléments énergétiques que sont le bois, le feu, la terre, le métal et l'eau (qui sont en quelque sorte des concepts métaphoriques de relations avec la nature), en polarité Yin ou Yang, se retrouvent à la base de tout, interconnectés et dépendants de cycles précis et complémentaires, favorisant tel ou tel événement ou interaction dans le corps ou la maison. Le profil énergétique de chaque lieu nous indique précisément (points et méridiens) les différentes combinaisons énergétiques à l'œuvre (ici, le bois associé au métal ; là, la terre et le feu) demandant à être canalisées ou au contraire libérées. C'est ainsi que nous en arrivons parfois à nous appuyer sur la décoration d'intérieur pour appliquer remèdes ou catalyseurs. Les matières, les formes, les couleurs, les dimensions, les proportions, les emplacements, sont autant d'outils propices à l'aménagement d'un intérieur harmonieux, et deviennent les partis pris d'un bon Feng Shui.

À chacune de mes interventions, j'ai pu remarquer que la cohérence inhérente à un aménagement qui respecte les règles de cet art chinois s'accompagne systématiquement d'une autre dimension plus personnelle et subtile. Les principes extrêmement précis et codés de la discipline nous amènent à être assez exigeants sur les orientations, mais si la cohérence de l'ensemble ne saute pas immédiatement à l'œil et ne touche pas l'esprit, c'est que le travail n'est pas abouti. Ainsi, je laisse l'intuition me parler et prendre sa place dans le processus. Il suffit parfois de déplacer un tableau, une plante ou d'ajouter une touche de couleur pour que l'harmonie s'impose, tranquille et légitime. À ce titre, dans mes ateliers et conférences, j'aime raconter aux plus cartésiens et rationnels d'entre nous que nous avons tous fait du Feng Shui sans le savoir. Il vous est forcément déjà arrivé d'acquérir ou de déplacer un objet, un tableau, un fauteuil, et de le mettre à l'emplacement prévu par votre esprit ou votre logique, et de sentir assez rapidement au fond de vous que quelque chose « cloche ». Pour cette raison, vous bougez ledit objet jusqu'à trouver son emplacement juste, celui qui vous fera dire « *voilà, c'est enfin sa place* » et vous fera vous sentir instantanément bien. Là commence le Feng Shui. C'est subtil, intuitif et assez inexplicable. Et c'est exactement ce que j'aime et admire dans le processus.

« UNE MAISON DANS LAQUELLE LE *QI* CIRCULE BIEN APPORTE SANTÉ, CLARTÉ, FLUIDITÉ. »

Pour aller le plus loin possible dans la recherche d'harmonie entre un lieu de vie et ses habitants, il est important de proposer à chaque individu d'être placé et orienté dans le bon flux énergétique (point et méridien) lié à son profil, celui-ci étant déterminé par la date, l'heure et le lieu de sa naissance. Une bonne orientation du lit, du canapé et du bureau, c'est-à-dire des endroits où vous passez le plus de temps, est un sérieux atout pour votre santé, vos relations ou encore vos projets. Comme le jardinier qui prépare minutieusement le sillon et choisit la bonne date dans le calendrier lunaire pour planter sa graine et lui donner toutes les chances de s'épanouir et donner de bons fruits, nous déterminons le meilleur endroit et le meilleur moment pour « bien pousser ».

Une maison dans laquelle le qi circule bien apporte santé, clarté, fluidité, mais aussi centrage et alignement à ses habitants. C'est un lieu de vie dans lequel les vides et les pleins, Yin et Yang, alternent et se répondent. C'est un ensemble qui diffuse une musique harmonieuse, que vous choisissiez une partition rock ou une mélodie classique. Lorsque vous aménagez votre intérieur, imaginez que vous êtes le qi et, telle l'eau de source, vous vous coulez dans chaque centimètre carré du lit de la rivière. Rien ne doit entraver votre progression. Les lignes sont fluides, les points de passage (portes, fenêtres, couloirs...) sont dégagés, les meubles tels les rochers polis par le passage de l'eau sont des points d'appui qui donnent au lieu un sens et un rythme. Chaque pièce, chaque recoin doit pouvoir bénéficier de la meilleure énergie possible. On me demande parfois si l'on peut conserver chez soi une petite pièce qui serait le débarras, le fourre-tout, celui que l'on ne serait pas obligé d'entretenir ni de ranger, comme un appendice où les déchets seraient autorisés. La réponse est... non, car ce serait alors une partie de vous condamnée à rester encombrée de tout ce que vous ne voulez pas voir, trier, jeter ou archiver : autrement dit, ce que vous refoulez. Et de façon un peu simpliste, il serait dommage que cette pièce renferme justement le point énergétique lié à votre étoile de l'amour ou de vos projets ! La même règle s'applique au petit coin, qui est bien souvent le parent pauvre de l'harmonie. Pourquoi s'applique-t-on à soigner ce qui est visible dans le salon ou dans la chambre, et à abandonner ou bâcler ce qui ne l'est pas ? Votre relation à votre intérieur est le reflet de la relation que vous entretenez avec vous-même. Le petit coin mérite d'être traité tout aussi dignement que le reste, il fait partie de la vie.

Dans mes ateliers, je présente souvent quelques zones à privilégier pour vous encourager à offrir ce qu'il y a de meilleur à votre maison et, par voie de conséquence, à vous-même. Je suggère de commencer par l'entrée en vous posant la question suivante : « *Qu'ai-je envie de voir chaque soir lorsque je rentre chez moi ?* » Certaines entrées

croulent sous les étagères remplies de bibelots dont on ne sait même plus qu'ils existent tant ils font partie des murs. D'autres regorgent de cartons entreposés provisoirement au moment de l'emménagement, mais qui sont toujours là six mois après. Même bien rangés, ils bloquent la circulation du qi, ce premier souffle, cette première inspiration qui imprègne la maison par l'entrée que nous appelons « bouche du qi ». Imaginez que l'entrée soit votre propre bouche. Combien de temps êtes-vous capable de supporter ces poubelles qui doivent être descendues ? Le qi récolte toutes les informations disponibles sur son passage et les transporte dans l'ensemble de la maison. S'il rencontre une paire de vieilles chaussettes sales, il véhiculera l'information « vieilles chaussettes sales ». S'il rencontre un bouquet de fleurs fraîches, il véhiculera l'énergie de ces fleurs. C'est vrai de chacune de vos ouvertures (fenêtres, portes), le déplacement du qi étant favorisé par la lumière et le mouvement, mais aussi de tout ce qui est placé sur ou près du sol. Au moment-même où j'écris ces lignes, je suis frappée par la vision de la fenêtre en face de mon lieu d'écriture du jour : une immense pile de livres est amoncelée, bloquant ainsi la lumière et l'ouverture même du mécanisme. Même si ces livres font probablement la fierté et le bonheur de leur propriétaire, leur accumulation est un frein à une entrée d'énergie nouvelle, donc à de possibles opportunités.

De même, il me paraît important de veiller à la vitesse de l'énergie. Dans certains appartements haussmanniens, on trouve parfois de longs couloirs dans lesquels aucun relief ne vient ralentir la progression du souffle vital. Ainsi le qi fonce droit devant sans prendre le temps de circuler et de s'arrêter dans les autres pièces de la maison. Si, par malchance, le couloir se termine par un placard ou des toilettes, il faut penser à le diriger d'une façon ou d'une autre afin de mieux en profiter. Vous pouvez, par exemple, ajouter des plantes, une pièce de mobilier comme une console ou un tapis, afin de ralentir, canaliser et guider le mouvement du qi.

J'ai développé avec le qi une relation particulière, mêlée d'intimité, d'admiration et d'humilité. Il y a quelques années, j'ai eu la chance de faire l'expérience d'« être énergie » – et, je dois l'avouer, j'ai littéralement plané. Lors d'une récente conférence à Paris, Thierry Janssen[3], dont j'admire le parcours et la personnalité, nous a fait part de l'expérience qui l'a amené à rencontrer le « silence intérieur ». Cette expérience d'« émerveillement », comme il la qualifie lui-même, je l'ai vécue avec le qi.

C'était un matin autour de Noël. Dans le jardin de mes parents en Anjou, je décidai d'aller faire quelques mouvements de qi gong auprès du grand chêne. En quelques secondes, sans que j'en comprenne la portée, ma vue se brouilla et je me retrouvai propulsée dans un monde subtil, une dimension dans laquelle la pesanteur n'existe pas, la sensation de chaleur ou de froid est absente, et tous les sens semblent être au diapason avec la nature. Il n'y a pas de mots assez fins et précis pour décrire un tel émerveillement. Parce que c'était le bon moment et le bon endroit, parce que j'étais disponible et en état de neutralité bienveillante, j'ai eu accès à un niveau de conscience plus élevé. Il n'existait plus de frontière entre le monde extérieur et moi. Était-ce de l'intuition ? Osho[4] la décrit comme « *l'échelon le plus élevé de la conscience* ». L'espace d'un

3. Thierry Janssen a été chirurgien urologue avant d'abandonner cette carrière pour devenir psychothérapeute et accompagner des patients atteints de maladies physiques. Son dernier livre s'intitule *Écouter le silence à l'intérieur*, paru aux éditions L'Iconoclaste.
4. Osho est un maître de sagesse indien qui a étudié l'ensemble des religions et transmis de nombreux enseignements.

instant, j'ai compris dans mon corps et dans la profondeur de mon être, ce que voulait dire « *faire partie de la nature* », « *n'être qu'Un avec le grand Tout* ». J'ai expérimenté être le vent qui soufflait dans les arbres, la branche du chêne qui frémit, l'oiseau qui chante sur cette branche, j'étais le brin d'herbe dont la vitalité et la croissance faisaient craquer la terre, j'ai avalé des litres d'oligo-éléments et de minéraux véhiculés par le qi. En un éclair, j'ai ressenti le principe premier de la Vie dans son mouvement gracieux, perpétuel et infini. Il n'y a ni début ni fin, mais un seul état possible : être. Tout cela s'est fait en l'absence totale de notion humaine et mentale du temps qui passe. Il s'agissait simplement de laisser faire, et de sentir sans émettre une quelconque forme de jugement. Autant vous dire que j'ai adoré cette expérience et qu'elle a changé ma vie. Ma vision de notre vie d'humain en a été profondément marquée, mon empathie et mes croyances sur l'importance de notre lien avec la nature, renforcées. Nous sommes la nature au même titre que les végétaux, les minéraux ou les animaux. Cela a aussi accrédité mon besoin d'authenticité. Dès lors, je n'ai jamais autant travaillé sur mes intentions et ma relation à l'Univers. Je conviens qu'il n'est vraiment pas facile de vivre dans un positivisme forcené quotidien. Mais à tout le moins, pour ceux à qui cela paraît difficile, vous pouvez émettre une fois par jour une vibration positive. Il m'est arrivé de rencontrer parmi mes clients des personnes incapables de trouver une réponse à la question suivante : « *Pouvez-vous me citer une chose, une personne ou un événement qui vous procure du plaisir une fois par jour* ? »

Face à ces personnes dont la vie semble si dépourvue de joie, j'ai ressenti leur tristesse et une immense compassion. Il faut du temps pour réparer ces âmes-là. Mais du temps dans une vie, nous en avons, il n'est jamais trop tard.

Ce que nous avons appris

Si vous souhaitez remonter votre taux vibratoire (votre niveau d'énergie), je vous propose de cultiver de bonnes pousses, et de commencer par celle de la gratitude.

Comment le mettre en pratique

➧ Chaque soir, alors que vous êtes sur le point d'éteindre la lumière de votre chambre, prenez un moment pour refaire le parcours de votre journée **sans jugement**, simplement dans les faits. Du réveil, au départ de la maison, en passant par le trajet pour rejoindre votre lieu de travail, les premières rencontres, l'heure du déjeuner, les échanges avec vos collègues ou clients ; puis la deuxième partie de journée, vos enjeux, vos réflexions ; et, enfin, le retour à la maison, la soirée seul(e), entre amis, en couple ou en famille.

Parmi ces instants et interactions, **choisissez chaque jour un événement, une personne, un moment** qui vous a fait sourire, apporté bien-être, chaleur, voire émerveillement à l'intérieur de vous-même. Est-ce le souvenir des yeux collés de votre enfant au réveil ? Le baiser de votre conjoint ? La lumière ou la caresse du soleil ? Une réflexion amusante de votre collègue ? Le goût du café de 10 heures ou celui du cannelé ce midi ? Une chanson aimée écoutée égoïstement dans le métro ?
Qu'est-ce qui vous a donné le plus de plaisir aujourd'hui ?

Lorsque vous l'avez identifiée, prenez une à deux minutes pour vivre et intégrer cette agréable sensation dans votre être, faites circuler cette chaude énergie dans votre corps, inscrivez-la au plus profond de vos cellules, et **remerciez-la**. De cette manière, vous développez votre gratitude et rechargez votre batterie d'amour universel et inconditionnel. Vous vous faites du bien et faites du bien à l'humanité tout entière. C'est votre contribution au monde, et la première des responsabilités de chacun d'entre nous.

Clef 2

Non négociable : trier, jeter, ranger

Revenons à nos moutons, ou plutôt à nos maisons. Si nous voulons changer le cours des événements extérieurs auxquels nous sommes soumis, alors c'est à l'intérieur que cela commence. Et si, comme je le crois, nos intérieurs nous ressemblent, nous avons tout intérêt à les bichonner, les cajoler, les chouchouter. Mais, pour ce faire, il faut avant tout apprendre à se connaître.

Commençons par le tri. Il est beaucoup question de détox de l'organisme ces dernières années, voire de jeûne pour les plus audacieux. Pour la maison, c'est la même chose. Une petite détox de temps à autre lui fait le plus grand bien. Nous sommes nombreux à avoir déjà fait l'expérience suivante : lorsque, presque par hasard, nous arrivons à tenir une résolution de rangement et de nettoyage, alors on ne peut quasiment plus s'arrêter. Au bout de quelque temps, il semble que la contrainte se transforme en irrésistible besoin de propreté, pour finir en irrépressible recherche de bien-être. La détox appelle la détox. Lorsqu'on y a goûté, on y revient. Le moment clef est, d'après moi, celui où les effets du rangement commencent imperceptiblement à émerger et où l'on ressent les prémices de ce que sera notre appartement ou notre salon lorsqu'il sera enfin en ordre, c'est-à-dire lorsque chaque chose aura trouvé sa place. C'est exactement cet instant qu'il faut capter, cette clef qu'il faut attraper : celle du plaisir, celle où l'effort est sur le point d'être récompensé, où le ratio entre travail fourni et résultat commence à s'équilibrer.

Pour commencer, vous avez le choix entre vous mettre une grosse pression en appliquant les principes de rangement de Marie Kondo[1] (et là je vous tire mon chapeau !), ou y aller à votre rythme tout en sortant quand même (!) de votre zone de confort.

Comme lorsqu'on décide d'arrêter de fumer, il s'agit avant tout d'être clair avec et sur soi-même : « *Suis-je prêt et déterminé à faire le tri et ranger mon intérieur aujourd'hui* ? » Si à cette question votre mental répond oui, mais que votre corps regarde ailleurs, c'est que ce n'est peut-être pas (encore) le moment. Si, en revanche, l'ensemble de votre corps vibre à l'unisson de cette demande, c'est que le moment est bien choisi.

Vous pouvez à la fois vous appuyer sur de nombreuses références littéraires en la matière, y compris les précieux ouvrages de Dominique Loreau[2], mais aussi mettre en pratique votre intuition et développer votre propre méthode. J'aime l'idée d'être autodidacte dans un certain nombre de domaines de la vie (là, mon ego me souffle que c'est parce que je n'aime pas qu'on me dise ce que j'ai à faire), ou du moins d'avoir la liberté de piocher à droite et à gauche les bonnes pratiques qui m'inspirent, de façon à en faire un melting-pot qui me ressemble. C'est une façon comme une autre d'être créatif.

Après tout, trier, jeter, ranger constitue également un profond exercice de connaissance de soi. Comme tout ce

---

1. *La magie du rangement*, Marie Kondo. Éditions First.
2. *L'art de la simplicité* ou *L'art de l'essentiel*, Dominique Loreau. Éditions J'ai lu.

que l'on fait en conscience, il convient de s'y préparer et de mettre toutes les chances de son côté. Face à cette montagne de courrier administratif et cet océan de linge sale, prenez conscience de ce que vous êtes capable de faire en temps normal et bottez-vous un peu les fesses pour aller plus loin. En effet, j'ai l'habitude de dire à mes clients que pour battre votre record de saut en hauteur, vous n'avez pas forcément besoin de sauter un mètre au-dessus, mais peut-être quelques centimètres. C'est-à-dire qu'il faut aller **un peu** au-delà de vos limites. Il convient de faire un effort **un peu** supplémentaire, et de sortir **un peu** de votre zone de confort et de votre flemme habituelles, mais de le faire plus souvent. Ainsi le ratio entre travail fourni et résultat est acceptable. On ancre alors l'effort consenti dans le temps et la pratique, de ce fait dans une hygiène de vie, là où le travail surhumain nous décourage d'y revenir à tout jamais. Si quotidiennement nous consentons à fournir un effort un peu supplémentaire à celui de la veille sur un sujet qui est important pour nous, alors chaque jour nous progressons et devenons à nos yeux une meilleure personne. C'est ainsi que nous faisons avancer l'estime de soi.

J'ai pu constater que les petits changements que l'on intègre progressivement finissent par faire un grand changement dans le temps (et ici, dans l'espace), d'autant plus durable qu'ils auront été vécus en accord avec notre rythme naturel et au fur et à mesure de notre évolution personnelle. Croyez-vous vraiment que l'on puisse modifier un comportement mis en place il y a dix, vingt ou parfois trente ans en une séance ou en quelques jours seulement ? Ce sont la régularité et la constance dans un effort raisonnablement fourni qui donnent les meilleurs résultats. Notre hygiène de vie doit être travaillée comme un muscle, de façon régulière, alternant les moments de tension et de relâchement, l'effort et la détente.

Alors retroussez vos manches et videz vos placards de ce qui ne vous ressemble plus, ce qui ne vous a jamais ressemblé, ce qui ne vous appartient pas et n'a pas de place dans la nouvelle vie que vous imaginez et souhaitez créer. Apprenez à conserver uniquement ce qui vous fait du bien et vous est utile. Pensez-vous vraiment que les objets cassés, les vêtements sales, déchirés, irréparables, ceux qui vous ont été offerts par des personnes toxiques, ceux qui vous rappellent des moments douloureux, n'impactent pas à long terme votre niveau d'énergie et votre stabilité émotionnelle ? À chaque fois que votre inconscient passe devant cette lampe cassée ou ce meuble mal-aimé, la résonance énergétique est immédiate dans vos cellules : cela fait écho à une partie de vous d'autant plus brisée ou mal-aimée. Je me souviens de cette femme rencontrée lors d'un de mes stages de coaching, il y a quelques années. Elle arrivait chaque jour avec un vêtement plus ou moins déchiré. Le lundi, c'était le jean. Rien de plus à la mode qu'un jean déchiré, me direz-vous. Le mardi, c'était le dos de la chemise. Le mercredi, l'arrière du collant. Le jeudi, la jupe, et le vendredi, la veste. Lorsque je le lui ai fait remarquer le troisième jour dans le but de l'en informer, elle n'en avait pas conscience. C'est le vendredi que j'ai compris, au travers de la pratique d'un outil de coaching, que quelque chose était « déchiré » en elle. Des années auparavant, elle avait été victime de violence psychologique et n'était pas parvenue à soigner complètement cette partie d'elle en souffrance. Je lui souhaite aujourd'hui d'être réparée intérieurement, tant physiquement qu'émotionnellement, voire « karmiquement » si c'est le cas.

Certaines personnes ne savent pas faire le tri, ne souhaitent pas fondamentalement se séparer de ce qui leur appartient, car ce processus leur paraît trop coûteux, comme si on leur arrachait une partie d'eux. Pour progresser, il faut accepter de lâcher ; pour que notre vie change, il faut apprendre à changer nous-même. Pour ces personnes, il peut s'avérer utile de faire appel à une aide psychologique, car ce comportement peut renvoyer à des mécanismes issus de l'enfance et de l'histoire personnelle. Dans certains cas, brusquer les choses ne ferait que les empirer. Pour d'autres, faire appel aux services de professionnels du rangement – ils sont de plus en plus nombreux actuellement – est une option qui peut s'avérer gagnante. Il semble que ce soit un métier plein d'avenir !

On ne louera jamais assez les vertus du rangement. Être ordonné chez soi, c'est être ordonné à l'intérieur de soi. Bien entendu, certains créatifs vous diront qu'ils ont besoin d'une certaine forme de désordre dans leur vie pour donner

le meilleur d'eux-mêmes, ce que je ne conteste pas. Disons que notre intérieur – à la fois dans l'architecture, la structure (cloisonnement, aménagement intérieur...) et la façon dont nous occupons l'espace – reflète largement notre personnalité, notre style de vie mais aussi notre construction mentale. Un artiste peintre a besoin d'être baigné de lumière dans son atelier pour concevoir ses toiles et laisser le champ libre à son esprit créatif. Alors qu'un scientifique qui travaille sur l'infiniment petit a besoin de se concentrer sur une recherche précise dans un lieu plus confiné. Je ne crois pas à la fatalité. Les maîtres Feng Shui considèrent ce qui suit : un tiers de notre vie serait conditionné par l'endroit et le moment où nous venons au monde (au fond de moi-même, je vais plus loin et pense que le lieu et le moment de notre conception, plus difficiles à déterminer, sont tout aussi importants, si ce n'est plus) – c'est ce que l'on appelle le Bazi ; le deuxième tiers serait influencé par le lieu où l'on vit, à la fois notre environnement et notre espace – c'est ce que l'on appelle Feng Shui ; enfin, le dernier tiers relève de notre action personnelle, c'est-à-dire de notre libre arbitre : c'est ce que l'on fait des deux premiers tiers, cela concerne les choix et décisions qui nous sont propres.
Ainsi nous appartient-il de faire le choix de vivre dans un intérieur rangé ou non, de faire le tri et de nous libérer de ce qui nous pèse, ou non, pour améliorer notre vie.

« JE PEUX CRÉER LA VIE QUI ME CONVIENT, EN PHASE AVEC LES VALEURS QUI SONT LES MIENNES. »

Dans mes ateliers, je propose aux participants d'apprendre avant tout à se poser les bonnes questions. C'est à la fois un mode de vie et un moyen pour gagner en efficacité et en temps. En coaching, le questionnement est primordial. Il y a des façons de poser les questions qui fâchent. Si je vous dis : « *Pourquoi n'arrivez-vous pas à ranger votre salon ?* », il est très probable que vous me répondiez « *Je ne sais pas* ». Maintenant, si je vous demande : « *Qu'est-ce qui vous permettrait de ranger efficacement votre salon ?* », votre mental et votre ressenti vont aller directement puiser la réponse dans les cases « expérience », « action », voire « créativité ».

Se libérer de ce qui nous alourdit, nous freine, est un devoir avant tout envers nous-même. Ces placards pleins à craquer depuis tant d'années sont un blocage potentiel à de nouveaux projets. La nouveauté peut-elle trouver sa place dans un espace déjà entièrement plein ? De même, un cœur lourd peut-il rencontrer un nouvel amour s'il n'a pas donné du sens à son histoire et procédé à un nettoyage énergétique ? Dans le tri, il est important de garder l'essentiel. C'est-à-dire « l'essence », le contenu fondamental existentiel de chaque chose, chaque événement, chaque personne.

Trier, jeter, ranger, c'est faire la part des choses dans sa propre histoire, cela nous apprend à nous connaître suffisamment pour savoir si ce que l'on garde est bon pour nous. À mes clients qui restent attachés à des schémas familiaux par pure fidélité, je propose la visualisation temporelle suivante. Lorsque nous sommes enfants, et de ce fait de véritables éponges face au monde adulte qui nous entoure, nous adoptons la plupart du temps et automatiquement les schémas parentaux qui nous sont proposés. Par fidélité, par besoin d'être aimés, par besoin de reconnaissance et parce que notre survie en dépend totalement. En grandissant, nous nous frottons plus ou moins à ces schémas, voire nous nous y confrontons : c'est tout ou rien. Soit on y adhère, soit on choisit l'opposé, mais dans les deux cas, le schéma hérité reste le point de référence. Arrive ensuite un âge que je situe, dans mon propre cas et chez mes clients, entre trente et quarante ans où l'on a acquis suffisamment d'expérience et de recul sur soi pour prendre conscience qu'entre le tout (j'adhère) et le rien (j'exclue), il y a des milliards de possibilités qu'il ne tient qu'à nous d'inventer ! C'est là, exactement, que se forge notre personnalité, que se nourrit notre singularité, car c'est dans cet espace que s'exprime notre créativité. Je peux choisir de conserver certains comportements, d'en expérimenter de nouveaux qui ne m'ont pas été transmis par mes parents mais éventuellement inspirés par d'autres ; je peux en créer à partir de zéro, et alors j'adopte la vie qui me convient et me ressemble, en phase avec les valeurs qui sont les miennes ; je peux enfin laisser s'exprimer la personne que je suis. C'est cette personnalité-là que je vous propose de faire éclore dans votre intérieur.

Ce que nous avons appris

Ce chapitre n'est pas destiné à vous donner une seule et unique méthode de rangement, mais bien à vous encourager :

- à prendre conscience du bénéfice apporté par le tri et le rangement, mais aussi le fait de se séparer de ce qui n'a plus lieu d'être ;
- à inventer votre propre méthode pour se faire.

Comment le mettre en pratique

➧ Choisissez un moment où vous êtes pleinement disponible, un moment dédié à l'embellissement de votre maison. Enfilez une tenue confortable, débranchez votre téléphone, créez les conditions (musique, ambiance, lumière, etc.) qui vont motiver votre besoin de changement et de rangement.

Commencez par le plus difficile, ce qui vous paraît le plus important ou le plus urgent : les placards qui débordent, votre chambre, ou encore le salon. Soyez prêt et déterminé à y passer plusieurs heures et pas seulement une. Puis lâchez-vous !

En conscience, demandez-vous pour chaque vêtement et chaque objet de votre intérieur **s'il vous procure du plaisir** ou **s'il vous est fondamentalement utile**.
• Si vous répondez **oui** à l'une de ces deux questions, vous conservez, rangez et archivez.
• Si vous répondez **non** à ces deux questions, il est temps de vous en séparer.
• Si l'objet en question a une quelconque valeur sentimentale, remerciez-le et reconnaissez que c'est le moment de vous dire adieu. Il peut être utile à une autre personne : dans ce cas, le recyclage est une option. S'il n'est plus en bon état, il faut accepter de le jeter purement et simplement.

Vous devez aimer chaque objet qui fait partie de votre quotidien. Vous devez être en résonance positive avec le moindre couvert et le moindre torchon. Ne conservez pas les objets cassés, troués, irréparables. Ils sont autant de fêlures dans votre vie.

Vous pouvez faire **le même exercice avec vos relations**...

Clef 3

Ma maison, mon miroir

Une fois l'espace clarifié, le disque dur est prêt à enregistrer de nouvelles informations. Mais il ne suffit pas de trier et jeter, il faut aussi que chaque chose soit à sa place. Que l'on parle de dossiers ou d'expériences de vie, on a tout intérêt à les classer afin de savoir où aller chercher l'information le jour où on en aura besoin. Cela s'appelle mettre du sens. Cela s'appelle l'apprentissage et, au-delà, la conscience.

Les émotions qui laissent une empreinte douloureuse sont celles qui méritent particulièrement notre attention. Avec l'aide d'un thérapeute, vous pouvez apprendre à trouver le sens de vos expériences. C'est en comprenant ce qui fait que vous avez été obligé de vivre vos épreuves que vous pourrez évoluer sur votre chemin de vie. C'est en répondant à la question « *Que dois-je comprendre à travers cette difficulté, et quel changement dois-je apporter dans mon comportement pour que cela n'arrive plus ?* », que vous serez en mesure de vous libérer et de transformer l'essai.

Dans son ouvrage *Au cœur de notre corps*, Marie-Lise Labonté[1] nous propose de nous « libérer de nos cuirasses » : « *Une cuirasse est l'expression pure de la vie, mais de la vie inhibée. La cuirasse s'installe dans le but d'emprisonner l'expression de la vie, l'onde de plaisir, l'élan créateur. Elle comporte trois plans énergétiques, ou trois modes : l'empreinte de l'expérience dans la psyché, l'ex-*

1. *Au cœur de notre corps*, Marie-Lise Labonté. Éditions Pocket.

pression émotionnelle de cette empreinte et les réactions physiologiques qui s'inscrivent dans le corps. » Cette thérapeute, que j'apprécie particulièrement, nous explique que les émotions sont refoulées parce qu'elles sont trop difficiles à digérer sur le moment. Mais elles peuvent ressurgir à tout instant, réactivées par une situation similaire ou une rencontre. Elles se manifestent sur le plan psychologique, émotionnel ou physique et sont rarement bonnes conseillères, si ce n'est sur l'urgence et la nécessité de les traiter.

Si une fuite d'eau se produit chez vous, vous pouvez chercher à l'arrêter avant qu'elle ne fasse trop de dégâts, c'est-à-dire en trouver l'origine, la réparer et gérer les conséquences (réfection de la peinture, etc.). Vous pouvez aussi faire l'autruche, colmater uniquement la partie visible sans en chercher la cause et vivre au quotidien avec une fuite et une auréole sur votre papier peint. Bien sûr, vous avez le choix. Outre l'inconfort visuel et l'humidité qu'elle peut entraîner, la tache rappelle à chaque instant à votre inconscient le moment et les circonstances de l'incident, mais aussi votre inaction. Et tôt ou tard, la fuite se manifestera de nouveau avec des conséquences potentiellement plus graves chez vous et/ou chez vos voisins. Ce que l'on ne soigne pas finit par revenir sous une autre forme ou avec une plus grande intensité. Il y aura toujours des accidents émotionnels, des événements de la vie qui nous amèneront à vivre de la tristesse, de la peur ou de la colère, et qui sont autant de fuites d'énergie dont il convient de stopper le débit. Mais il ne tient qu'à nous d'apprendre à les anticiper, les gérer et les colmater.

On habite sa maison comme on habite son corps, son cœur et son esprit. Jusqu'ici, dans ma pratique d'experte en Feng Shui traditionnel, j'ai rencontré deux personnes qui n'ouvraient jamais leurs volets. C'est-à-dire qu'elles trouvaient d'assez bonnes raisons (!) pour rester plongées dans le noir de jour comme de nuit. Quelle raison peut-elle être assez valable pour nous condamner à l'absence de lumière, et par conséquent de vie, chaque matin ? Vivre sans lumière naturelle, cela revient à vivre dans une cave, tel un condamné à qui rien ne peut arriver. Ouvrir les volets et les fenêtres quotidiennement est un principe élémentaire de vie sans lequel le Souffle ne peut entrer, les opportunités et les nouvelles rencontres ne peuvent arriver jusqu'à vous. Imaginez-vous ne jamais prendre de respiration ? C'est à peu près la même chose. Comme l'explique Badema[2], mon maître de Feng Shui, la lumière véhicule le qi, et le qi, c'est la vie. Ce que l'on peut résumer par : pas de qi, pas de vie !

Choisir de vivre dans le noir à un moment donné de sa vie n'est pas anodin : selon ce que vous êtes en train de traverser, vous pouvez avoir besoin de vous recentrer, voire de vous replier sur vous-même, de vous couper du monde ou de ne pas être vu. Ce besoin peut être légitime, mais pour votre santé physique et morale, il ne peut s'éterniser sous peine de vous mettre en danger. Certains, sous couvert de raisons pratiques (« *Il fait nuit quand je*

---

2. Badema est également l'auteure et la traductrice de plusieurs ouvrages sur le Feng Shui : www.befengshui.com

pars et nuit quand je rentre »), n'ouvrent jamais les volets et fenêtres de leur chambre. Mais alors, comment les opportunités de rencontre avec l'âme sœur vont-elles pouvoir se manifester chez les célibataires ? Quel est cet horizon que vous ne voulez pas voir ? En fonction de l'orientation de la pièce de la maison que vous n'ouvrez pas, cela a une signification et une conséquence sur le domaine de votre vie qui sera touché. Vie sentimentale, vie sociale, vie professionnelle, santé... Plus le souffle vital circule librement chez vous, plus les chances et les projets se présentent à vous. Rappelez-vous que la circulation de l'énergie est une donnée fondamentale du bien-être. Celle-ci ne doit pas être entravée et doit pouvoir se faire librement. Si vous considérez votre maison comme votre corps, alors il faut que chaque partie de vous-même, c'est-à-dire chaque petit morceau de cellule, puisse profiter de la lumière de la vie à tout instant. Pour quelqu'un qui, comme moi, manque de « feu » énergétique dans son thème de naissance, la lumière est un besoin fondamental. Ce n'est pas un hasard s'il y a tant de lampes chez moi, si les couleurs que j'aime sont celles qui vibrent du rose à l'orangé et si je suis attirée par ce qui scintille et apporte de la lumière. Le pouvoir des couleurs se transmet par la vibration. Celle-ci va être perçue différemment par chacun d'entre nous, comme une mélodie qui fait écho à quelque chose en nous.

« ON HABITE SA MAISON COMME ON HABITE SON CORPS, SON CŒUR ET SON ESPRIT. »

Dans notre appartement précédent, j'ai mis plusieurs années à aménager l'une des pièces qui avait été désignée comme future chambre d'enfant. Comme il nous a fallu plusieurs années pour avoir des enfants, elle a d'abord commencé en tant que débarras (à l'époque, je n'étais pas encore formée au Feng Shui), avant de devenir quelque temps plus tard un deuxième bureau – qui n'a jamais servi –, pour finir en pseudo salle de sport (qui a encore moins servi !). Je me souviens avoir tourné en rond pendant longtemps, très longtemps, afin de trouver une destination à cet espace. Et pourtant, qui ne rêve pas d'avoir une pièce en trop en plein cœur de Paris ? Eh bien, moi je rêvais d'avoir un enfant, et sans enfant, je ne trouvais pas le sens de cette chambre. J'ai fini par la laisser tranquille, en attente, en transit. Quelques mois avant d'être enceinte et sans le savoir, j'ai débarrassé cette pièce du superflu (autant dire, quelques cartons) et lui ai littéralement « foutu la paix ». Elle était vide et j'ai décidé que ce n'était pas grave. Cette expérience m'a montré que lorsque nous sommes en attente de quelque chose, il est préférable de laisser l'espace dégagé plutôt que de l'encombrer avec des meubles ou objets « en transit ». Le transit n'est jamais fait pour durer et l'embarras ne fait pas avancer les projets.

Une grande partie de mon travail consiste également à vous faire prendre conscience de la portée symbolique des objets qui vous entourent. Dans les ateliers que j'anime, je prends beaucoup de plaisir à vous transmettre mes expériences, car c'est souvent l'occasion de dédramatiser nos comportements avec un peu d'autodérision. Ainsi, la partie sur la symbolique est toujours riche en questions et en partages. S'il y a une chose que vous pouvez faire sans l'aide d'un conseiller en Feng Shui, c'est ouvrir grand les yeux et le ressenti. Je suis régulièrement sollicitée par des clientes célibataires qui se disent à nouveau prêtes et impatientes de faire entrer un nouvel homme dans leur vie. Lorsque j'arrive chez elles, j'ai rarement de surprise sur ce qui m'attend. Il faut mener un premier travail sur cette symbolique, qui s'accompagne d'une charge émotionnelle intime. Vous êtes nombreuses après les ateliers à me faire part de vos témoignages sur le sujet. En faisant le tour de ces appartements ou maisons de femmes célibataires, ce ne sont pas un ou deux portraits de femmes seules que je découvre, mais parfois dix ou quinze. Quel est le mécanisme inconscient qui pousse ces femmes à s'entourer de personnages solitaires ? Elles ont bien souvent souffert lors d'une relation précédente et se sont, consciemment ou inconsciemment, fermées à toute nouvelle opportunité de rencontre, préférant rester célibataires plutôt que de prendre le risque d'aimer, et ainsi de souffrir de nouveau. Progressivement, ce qui fait leur réalité « intérieure » se retranscrit « à l'extérieur ». Symbolisée par des portraits (souvent de femmes célèbres, notamment celles dont la vie privée a pu être assez chaotique comme Marilyn Monroe ou Frida Kahlo), photographies d'art, statuettes, cartes postales ou grigris, cette volonté d'être seule transpire sur leurs murs. Au bout de plusieurs mois, mais le plus souvent de plusieurs années, ces femmes ont fini par se remettre en question, certaines ont appris à se soigner et sont réellement prêtes à tenter de nouveau l'aventure du couple. Mais l'inconscient, lui, continue de croiser ces femmes seules dans chaque recoin de son lieu de vie, et n'a pas totalement déprogrammé l'ancien logiciel. Nous connaissons toutes et tous autour de nous une amie, une sœur, une mère, une collègue qui souffre de ne pas rencontrer l'âme sœur (c'est également vrai pour les hommes, mais je transmets ici mon travail principalement basé sur l'expérience de mes clientes). Dites-leur d'être vigilantes quant à la symbolique qui les entoure. Encouragez-les à remplacer ces portraits de femmes seules par ce qui symbolise pour elle l'union, le couple, la vie à deux ou l'amour. Nul besoin de placarder sur tous les murs de la chambre des photos de couples, mais au moins quelques images ou objets qui reflètent ce qu'elles souhaitent vivre. Cela peut être, par exemple, un couple d'oiseaux ou d'objets identiques et/ou complémentaires. Les Chinois, eux, aiment à symboliser l'amour par des pivoines.

À l'excès de photos de femmes seules s'ajoute généralement un aménagement particulier de la chambre à coucher. L'organisation est telle qu'il n'y a pas de place « énergétique » et symbolique pour une seconde personne et que tout est pensé pour une vie de célibataire. Ainsi le lit est collé latéralement contre le mur (je comprends que c'est un moyen inconscient de se sentir protégée) et aucun espace n'est disponible pour une seconde table de chevet. Lors d'un atelier, une participante nous a dévoilé la technique qui a mis la touche finale à son célibat de longue date. Il se trouve que cette femme d'une soixantaine d'années, particulièrement dynamique et en ayant assez de vivre seule, a un jour décidé de vider un placard et de faire ainsi de la place pour les affaires personnelles de son futur amoureux. Devinez ce qui s'est passé ? En moins de quatre mois, elle avait rencontré celui qui partageait alors sa vie. Cela n'est pas de la magie, mais un processus psychologique qui n'est possible que si la personne a fait le tri dans sa vie et ses expériences, a décidé de remonter en selle et se sent prête à l'intérieur d'elle-même à ouvrir son cœur et sa maison à un nouvel être aimé. Une telle démarche n'a de chances d'aboutir que si elle est motivée par un travail initial de deuil, de reconstruction et peut-être même de pardon, et qu'elle arrive au moment juste. Il arrive que le Feng Shui soit simplement l'élément déclencheur qui manquait à l'équation pour être résolue, la touche finale – la cerise sur le gâteau, en somme.

Ce que nous avons appris

Au cours de ce chapitre, nous avons appris à quel point notre maison est le reflet de notre style de vie, mais aussi de notre personnalité. Dans l'architecture et l'intérieur de notre maison se reflètent notre construction mentale, notre relation aux autres, notre façon de voir les choses. Dans l'agencement et la décoration s'expriment nos valeurs, l'importance que nous attachons ou non à notre bien-être physique, émotionnel et mental. Prenez conscience de l'importance de bien traiter votre intérieur pour être en bonne santé. Et puisqu'elle est au service de votre évolution, utilisez votre maison comme un outil de bien-être et de changement.

Comment le mettre en pratique

Prenez le temps dont vous avez besoin pour répondre sincèrement aux questions suivantes :

1) Qu'est ce qui pourrait être différent chez vous et rendre votre vie plus agréable ?

....

2) Si vous aviez une seule chose à changer chez vous, quelle serait-elle ?

....

3) Faites-le.

Je ne vous propose pas de tout révolutionner en une seule fois, mais de **commencer à faire des changements déterminants, en conscience**, qui vont impacter votre vision des choses, votre ressenti, votre bien-être, vos projets, donc votre expérience de la vie et exponentiellement vos relations et vos succès. Vous devez **incarner** ce en quoi vous croyez, ce que vous souhaitez vivre et exprimer, ce que vous souhaitez recevoir.

Pour incarner vos convictions et traduire vos paroles en actes, réalisez le changement intérieur qui s'impose à vous.

Clef 4

La recherche de l'équilibre

Parmi les premiers éléments les plus importants à prendre en compte lorsqu'on cherche un nouveau *home sweet home*, l'environnement et la forme sont des informations essentielles. La configuration de votre environnement détermine le type d'énergie auquel vous êtes soumis, et de ce fait perméable à tout moment. Cela commence par la topographie et la végétation, passe par les voies de communication et englobe la position, l'architecture, la taille, la fonction des bâtiments et constructions qui pourraient venir favoriser ou perturber le développement d'une vie harmonieuse. Vous avez peut-être lu dans vos livres de Feng Shui des informations concernant ceux que nous appelons « les animaux symboliques ». Les Chinois aiment à s'inspirer de la nature et du fonctionnement de l'Univers pour théoriser des principes élémentaires précieux. Ainsi utilisent-ils d'intéressantes métaphores animales :

- **La Tortue** symbolise le soutien dont vous bénéficiez « énergétiquement » dans votre dos, à l'arrière de votre habitation. Dans l'environnement, elle se matérialise par une colline, une végétation ou une construction au moins aussi haute et dense que votre maison. Dans certains cas, j'ai pu constater combien l'absence de Tortue était problématique : cela peut aller jusqu'à se traduire par un manque total de soutien, qu'il soit familial, amical, professionnel, social ou tout à la fois.
- **En face de vous, c'est le Phénix** qui s'impose. Un bon Phénix consiste à avoir une vue la plus dégagée possible. Plus proche sera le mur d'en face, dans les environnements urbains notamment, plus bouché sera votre horizon. Disons

que la vision à court terme sera privilégiée par rapport au long terme.

➧ **De chaque côté, deux autres animaux se répondent : le Tigre et le Dragon**. À droite de votre habitation (lorsque vous êtes à l'intérieur et que vous regardez vers la façade principale), le Tigre : idéalement, il est un peu moins élevé que votre maison/immeuble ; il symbolise le domaine des relations et s'associe à la femme de la maison qu'il est censé protéger. À gauche, le Dragon, principe masculin, lui répond : idéalement, il est plus haut que votre logement. Tous deux symbolisent l'alliance Yin-Yang qui apporte chance et force.

Cette configuration idéale, vous la retrouvez dans votre fauteuil préféré : un dossier haut et confortable (Tortue), deux accoudoirs (Tigre et Dragon), une assise douce et ferme pour être bien calé dans votre perspective (Phénix). Rien que du bon sens, me direz-vous. En effet, le Feng Shui, c'est aussi cela.

Pour vous donner des exemples de l'importance de notre environnement proche, je pense à mes clients dont l'absence de Dragon pèse sur la vie, parfois pendant des années. Cette configuration entrave leur capacité à passer à l'action : ils ne manquent pas de projets, mais leur réalisation ou le passage à l'acte représente pour eux un effort incommensurable. Quant à ceux dont la Tortue est inexistante, il leur incombe souvent de se débrouiller seuls dans la vie, les épreuves étant vécues sans aide matérielle ou financière ou sans soutien psychologique. La Tortue me paraît être l'un des animaux symboliques les plus importants. De même, les routes (virages, sens de circulation) et les types de bâtiments et leurs activités (hôpital, école, cimetière...) ont un impact sur l'énergie que nous recevons. Soyez réellement vigilant lors du choix de votre habitation sur l'influence de cette énergie.

Après l'environnement immédiat, c'est la forme du logement que je regarde. Plus la forme est régulière, plus vous augmentez vos chances de vous sentir entier, plein dans tous les domaines de votre vie. Par « régulier », j'entends une forme carrée, rectangulaire, voire ronde. Les angles biscornus, les extensions disproportionnées, les appartements en forme de revolver (si, si)..., tout cela ne concourt pas toujours à une vie harmonieuse et simple. J'ai souvent remarqué que les personnes vivant dans des habitations au plan et à l'aménagement compliqués, pouvaient avoir tendance à... se compliquer la vie. La simplicité n'est pas forcément synonyme de dépouillement, elle requiert même de la sophistication, de l'attention, du travail, car elle est synthétique. Elle doit pouvoir mettre en exergue l'essentiel, autoriser la contemplation comme la création de lien, l'intériorisation comme l'épanouissement.

« CE QUI SERA PLACÉ AU CENTRE DE VOTRE MAISON INDIQUERA CE QUI EST CENTRAL DANS VOTRE VIE. »

Un bon environnement et un plan de masse régulier sont une base à partir de laquelle s'épanouir. Mais cela ne suffit pas. L'agencement intérieur de votre maison va aussi offrir des indications sur votre fonctionnement mental ainsi que sur les priorités qui sont les vôtres. Que l'espace soit décloisonné ou organisé en une multitude de petites pièces, que les ouvertures soient faites de larges baies vitrées ou de petites fenêtres, que votre cuisine ou votre salon soit proportionné ou non par rapport à la taille de la maison, tous ces choix sont autant de reflets de votre fonctionnement intérieur et de vos aspirations. Avant même de parler des orientations, la matrice de votre logement et son implantation dans un cadre de vie – qu'il soit urbain, semi-urbain ou champêtre – sont révélateurs de vos besoins, de votre histoire et de votre état d'esprit intérieur. Par exemple, la taille de votre chambre par rapport au reste de l'habitation peut être révélatrice de la place que vous donnez à votre couple. Ce qui sera placé au centre de votre maison ou de votre appartement indiquera ce qui est central dans votre vie.

Chez nous, le centre est un dégagement assez large qui fait le lien entre l'espace de vie (salon, salle à manger, cuisine) et l'espace privé qui mène aux chambres et salles de bains. Cela traduit assez bien l'importance pour nous de cet équilibre et cette articulation entre notre vie sociale et notre vie privée. J'ai placé exactement à cet endroit une grande estampe chinoise qui représente un couple de grues majestueuses, symbole Yin-Yang par excellence. À l'arrêt sur un rocher regardant dans la même direction. Ces animaux sont le symbole de la longévité, mais aussi de notre couple qui dure puisque les grues sont connues pour choisir leur partenaire à vie.

On ne peut généralement pas changer le plan de masse ou le cloisonnement intérieur d'une habitation sans engager un chantier et des frais conséquents. C'est alors qu'il faut accepter que cette maison nous encourage à travailler sur des problématiques d'ordre psychologique, physique ou émotionnel, qui font avancer dans la connaissance de soi et la réparation de l'intime. Chacune de nos maisons intervient à un moment précis de notre évolution personnelle pour nous faire avancer sur la prise de conscience qui doit émerger à ce moment-là de notre vie. J'entends parfois mes clients témoigner de cette dynamique : « *Depuis que je suis dans cet appartement, j'ai des problèmes dans mon travail* » ou « *des problèmes de couple* ». C'est alors le moment de répondre à ces interrogations et de modifier certains comportements afin de changer ce qui ne fonctionne pas ou plus. Les épreuves, les accomplissements, les doutes, les succès, laissent une trace en nous et, par extension, dans notre maison.

Dans cet agencement intérieur si précieux à mes yeux, il existe une autre donnée fondamentale que les bons architectes perçoivent naturellement et savent appréhender techniquement : c'est ce que j'appelle « l'équilibre entre les vides et les pleins ». En effet, on a tendance à remplir l'espace machinalement, en y transposant toute notre histoire et nos bagages émotionnels, sans forcément considérer l'aménagement dans une perspective de vide. Et pourtant, cette respiration est vitale ! Il y a quelques temps, j'ai constaté que la superbe orchidée de mon entrée perdait une à une ses fleurs alors qu'elle était en plein épanouissement et bénéficiait d'une grande clarté. Ce manque de vitalité m'a paru suspect. En y regardant de plus près, j'ai pu constater que la plante se trouvait bien plus proche du mur que je ne l'avais disposée initialement. En la recentrant sur la console, je lui ai permis de retrouver son « espace vital » et ainsi de continuer à s'épanouir selon son véritable stade de croissance. C'est aussi ce que l'on appelle la balance entre Yin et Yang.

Il est important de se mettre à la place de l'énergie pour comprendre son comportement. L'énergie la plus vitale semble circuler dans le premier tiers bas, c'est-à-dire plutôt au ras du sol. Lorsque le Souffle entre dans un lieu, tout sur son chemin est information : la matière, le grain, la qualité, la structure, la densité du sol, la couleur, le dénivelé, la lumière, les obstacles (selon que ce soit une plante ou une paire de chaussures)... Toutes ces données vont déterminer la qualité, la vitalité, le trajet, la vitesse du qi qui entre chez vous. Quoi que le qi rencontre sur son chemin, cela va le nourrir et être retransmis au lieu de vie et à ses habitants. Ainsi, souvenez-vous : si la première information que reçoit l'énergie vitale en entrant chez vous est « désordre », c'est cette énergie-là qui nourrira votre famille. Inversement, si le qi rencontre un tapis propre et une jolie lumière dans l'entrée, il va ralentir sa course, prendre le temps de capter ces informations et de les diffuser dans le reste de la maison. Ce qui est vrai de l'entrée, l'une des parties les plus importantes en matière de Feng Shui, est vrai de l'ensemble des pièces de la maison.

Parce qu'il est invisible, il faut d'autant plus garantir au qi sa place à part entière. C'est dans les vides qu'il s'épanouit, qu'il circule avec fluidité, qu'il nous apprend à respirer profondément, à vivre librement. Pourquoi croyez-vous que nous respirons à pleins poumons face à l'océan ? C'est le qi que l'on fait entrer !

Dans une maison, les vides se créent autour du mobilier, le mouvement se fluidifie dans les courbes, le rythme se joue dans les circulations, couloirs et escaliers, la vitalité est donnée par les couleurs, les formes, les matières. Par exemple, si vous souhaitez créer un espace dynamique dans lequel l'énergie circule rapidement, vous pouvez distribuer peu de meubles, les choisir dans une matière lisse en résine ou en métal, de couleur blanche ou plutôt franche. Pour équilibrer cette dynamique Yang, vous introduirez du Yin à partir de quelques éléments de décoration comme des fauteuils bas et des canapés moelleux, au toucher doux et confortable. Pensez toujours à rééquilibrer un excès par son binôme complémentaire. En revanche, rien de tel pour entraver la circulation du souffle vital que de placer de bons gros meubles un peu partout en limitant les accès et la fluidité des déplacements ! Si vous devez vous contorsionner pour monter dans votre lit, ouvrir les fenêtres ou accéder aux placards, c'est que vous avez probablement un problème de trop plein. N'oubliez pas : notre maison nous ressemble. Alors, si vous voulez connaître votre état intérieur, regardez l'état de votre intérieur !

Ce que nous avons appris

Ce chapitre insiste sur l'importance de s'entourer des justes proportions dans tous les domaines de notre vie. C'est vrai de notre environnement, de nos relations, mais aussi de nos comportements et réactions. Ce que j'appelle « équilibre » n'est pas forcément déterminé par les mêmes fondamentaux pour moi et pour vous. En fonction de ce dont nous sommes faits énergétiquement, certains d'entre nous ont, par exemple, besoin d'eau, là où d'autres vibrent pour le feu. Certains aiment remplir, et d'autres faire le vide.

Comment le mettre en pratique

Cet outil consiste à détecter notre potentiel d'équilibre dans notre intérieur. Tels des poids et contrepoids, les vides et les pleins interagissent et sont indispensables les uns aux autres. Ouvrez les yeux et votre ressenti.

➧ Prenez un moment chez vous pour faire le trajet qu'emprunte l'énergie lorsqu'elle circule dans l'espace. Visitez chaque pièce, chaque recoin, **postez-vous dans des angles que vous n'avez pas l'habitude de visiter** afin de vous laisser sentir si l'ensemble est suffisamment « irrigué », aéré ou trop encombré. Si vous ressentez un vide ou un blocage, déplacez les meubles, ajoutez ou supprimez quelques éléments, désengorgez l'espace, ajoutez de la lumière, testez.

➧ Puis, servez-vous de nouveau de votre ressenti afin de déterminer si l'énergie est assez richement nourrie ou si, au contraire, la qualité du qi est pauvre. Si vous sentez que l'énergie est basse dans une pièce, peut-être pouvez-vous y ajouter une source lumineuse ou un tapis accueillant. Le qi sera attiré par cette vibration et viendra remplir la pièce et y séjourner. Vous verrez, c'est fou comme une petite lumière peut parfois changer une vie !

Aucune pièce, aucun recoin ne doit être laissé à lui-même ou abandonné, au risque de laisser un pan entier de votre vie… sans vie.

Clef 5

Suivez votre intuition

Tout comme notre corps, la qualité énergétique de nos lieux de vie est soumise à de nombreux paramètres : orientation et moment de la construction, implantation, architecture, topographie, environnement, entretien, mais aussi type d'occupation (école, commerce, bureaux, habitation, salle de musique, de sport, etc.). Mais je considère que les occupants influencent également le taux vibratoire d'un lieu, tant par leur personnalité que par leur style de vie. Nous sommes initialement attirés par des lieux dont le niveau d'énergie nous fait vibrer, c'est-à-dire qui sont sur une fréquence similaire à la nôtre. Depuis quelques années, je suis devenue mal à l'aise lorsque je mets les pieds dans un supermarché ou un centre commercial dont la pauvreté de l'énergie m'accable, en particulier par le manque de lumière naturelle. Je suis extrêmement reconnaissante d'avoir la possibilité de commander mes courses par Internet et de me faire livrer directement à la maison ! Je suis en revanche de plus en plus attirée par les lieux historiques au charme désuet dans ce qu'ils ont d'intemporel. Je m'y sens bien et parfois « chez moi ». Je pense que cette notion d'intemporalité n'est pas étrangère à ce bien-être : elle me rassure, car elle inscrit nos réalisations et nos passages dans une perspective. Peut-être cet état a-t-il à voir avec la recherche de sens et l'évolution spirituelle que j'ai engagées il y a plusieurs années. Quelle trace restera-t-il dans l'éternité d'un supermarché froid et sans âme dans lequel des « consommateurs » ne font que passer une fois par semaine sans y trouver une pointe de beauté ni un quelconque lien social de qualité ? Je me suis souvent demandé pourquoi les grandes surfaces étaient si froides et dépourvues de style, pourquoi ces enseignes ne mettaient pas plus de moyens pour que l'on s'y sente bien au point de vouloir y rester plus longtemps et, en conséquence, de consommer plus. Même s'ils ne sont que des lieux de passage, il n'en reste pas moins que nous méritons à chaque moment ce qu'il y a de meilleur et non ce qu'il y a de plus pauvre en qualité énergétique. Y faire entrer la lumière naturelle et le soleil serait déjà une grande avancée.

Je suis persuadée que l'on se fait beaucoup de bien en prenant soin de son intérieur. Et je considère que notre être est soumis aux mêmes paramètres qui conditionnent notre vitalité : lieu et moment de notre naissance, environnement dans lequel nous évoluons aux différentes périodes de notre vie, éducation, rencontres, choix, profession, alimentation, activité physique, hobbies, etc. La bonne nouvelle, c'est que tout au long de notre vie, nous pouvons influencer certains de ces paramètres. Certes, vous ne changerez ni le lieu ni le moment de votre arrivée sur terre, mais vous pouvez commencer par modifier votre alimentation, décider de bouger et prendre votre vélo pour aller au travail plutôt que la voiture, changer de job, d'amis ou de lieu de résidence. L'élévation de notre propre taux vibratoire est conditionnée à notre santé, notre vitalité, notre désir d'évolution, notre hygiène de vie, nos relations.

On me demande régulièrement comment faire pour avoir un bon Feng Shui lorsqu'on cohabite avec une personne désordonnée tandis que l'on est soi-même un as du rangement. La réponse n'est pas tant à chercher dans le Feng Shui qu'à l'intérieur de vous-même, dans le comportement de chacun des protagonistes. Si vous êtes légèrement « psychorigide » et maniaque de l'ordre, mais avez choisi de vivre avec le champion du jeter de vêtements et non-ramassage de détritus, il y a de fortes chances pour que l'enseignement et la clef d'une cohabitation réussie se trouvent... entre les deux. C'est-à-dire qu'il vous faudra chercher ensemble un terrain d'entente que j'appelle « juste milieu ». Si vous souhaitez réellement vivre ensemble, alors chacun doit faire un bout de chemin vers l'autre : vous, pour assouplir vos positions, et lui/elle pour appliquer un peu plus de discipline dans ses habitudes. Qu'avez-vous à apprendre de cette relation ? Vous n'avez pas choisi ce partenaire par hasard, que ce soit votre colocataire ou la personne de votre vie, mais bien pour mettre en lumière certains aspects de vos personnalités respectives et évoluer ensemble sur votre chemin de vie. Ainsi la situation vous demande peut-être de progresser dans le domaine de la souplesse, alors que votre compagnon aura, de son côté, un effort à fournir en matière de rigueur et de discipline. Sans aller jusqu'à demander à l'autre d'adopter illico vos propres règles, définissez des seuils à atteindre qui soient réalistes, réalisables et acceptables pour chacun d'entre vous. Comme dans une négociation commerciale ou politique, les deux parties doivent pouvoir trouver un accord qui leur permette de sortir la tête haute. C'est la connaissance de soi qui rend l'évolution intéressante, et la co-création de solutions qui donne sa richesse et sa saveur à l'expérience et au partage.

Imaginez que votre maison soit votre corps. Nous avons tous de mauvaises habitudes. Il suffit parfois de consentir à faire un léger effort supplémentaire, c'est-à-dire sortir un peu de votre zone de confort, pour changer le quotidien et avoir le plaisir de rentrer dans une maison un peu plus rangée et ordonnée. L'impact sur votre énergie peut être phénoménal. Les conséquences sur votre santé, non négligeables. Plus vous maîtrisez votre espace intérieur, plus la clarté mentale se révèle. Allons plus loin : l'enjeu se situe également dans l'estime de soi. En choisissant en conscience les produits, objets, symboles, mais aussi les personnes qui entrent chez vous, vous augmentez votre maîtrise et votre connaissance de vous-même. Vous mettez ainsi plus de sens sur vos choix et vos expériences. Progressivement, les événements qui impactent votre quotidien sont vécus en conscience, avec davantage de fluidité et de détachement, vos réactions sont moins soumises à votre implacable juge intérieur, et votre mental laisse davantage de place à votre intuition. C'est l'ensemble de votre vie qui s'en trouve chamboulé, vos relations qui sont plus claires et de meilleure qualité, votre sommeil qui s'améliore. Et tout ça pourquoi ? Parce que vous avez pris soin de votre intérieur !

« PRENDRE SOIN DE SOI COMMENCE PAR PRENDRE SOIN DE SON INTÉRIEUR. »

Nous sommes tous nés en quelque sorte inégaux face au capital énergétique dont nous disposons. Il y a quelques années, j'ai pris conscience que j'avais choisi d'étudier le Feng Shui non pas pour le plaisir comme je le croyais naïvement (ça, c'était ma vie d'avant), mais bien parce que c'était une clef d'entrée vers la maîtrise de mon niveau d'énergie. J'ai toujours pensé que j'avais peu de réserves d'énergie et souvent été jalouse de mes amis qui débordaient de vitalité et de projets. Petit à petit, j'ai appris à me connaître et à accepter cette différence qui s'est transformée pour moi en véritable quête. J'ai compris tardivement - mais il n'est jamais trop tard pour changer - qu'il faisait partie de ma mission de vie d'apprendre à doser mes efforts de façon à me permettre de recevoir autant que je donne, et de faire des réserves - ce qui aujourd'hui encore me demande une attention régulière et rigoureuse, ce qui n'est pas toujours le cas. J'ai réalisé qu'il était inutile de dépenser sans compter pour se faire estimer, car les autres ne nous aiment pas plus lorsque nous dépensons beaucoup, voire trop. Davantage que la quantité, c'est la qualité de l'amour et de l'attention que l'on donne qui fait le ciment des relations.

Enfin, j'ai appris qu'il était possible de faire appel à l'énergie environnante (le qi externe), celle que l'Univers nous offre gratuitement et de façon illimitée (imaginez le plus puissant, sain et rapide, des Wifi), pour nous aider dans la réalisation de la plupart de nos actions et projets. Observer les mécanismes à l'œuvre dans la mise à disposition de l'énergie environnante est devenu un pur plaisir, presque un jeu – Florence Servan-Schreiber[1] dirait « un vrai kif ». Je dois cet apprentissage et ces prises de conscience en partie à ma pratique du qi gong dont je considère la portée dans ma vie comme déterminante. Lorsqu'on se sent fatigué, la solution n'est pas forcément de se reposer. Il arrive parfois que ce soit même le contraire. Si l'appétit vient en mangeant, alors on peut considérer que l'énergie vient en « s'énergisant ». Souffle, calme intérieur, méditation, posture de l'arbre, ancrage, patience, profondeur, canalisation, connexion, effort, lâcher-prise, concentration, vide intérieur, élévation, accueil des émotions, non-jugement, spiritualité, mais aussi mouvement, activité physique, sport, marche rapide, immersion dans la nature, rencontres, sont autant d'apprentissages dont l'exploration – et, parfois même, l'acceptation – garantissent de vivre une large palette de niveaux de conscience. À ce travail s'ajoute l'acupuncture, pratiquée régulièrement sur moi par ma talentueuse amie, Virginie Bloch-Michel, et qui s'avère être un autre levier efficace sur ma réserve et mon potentiel énergétiques. En travaillant sur des points et des

1. *Trois kifs par jour,* Florence Servan-Schreiber. Éditions Marabout.

méridiens précis, la vibration parcourt mes corps subtils, l'information se propage dans chacune de mes cellules, dans mon aura, formant ainsi une stimulation globale dont mon système immunitaire et ma psyché sont les premiers bénéficiaires. En douceur et dans une démarche préventive et holistique, comme l'entend la médecine traditionnelle chinoise, mes corps physique et subtils s'accordent, s'harmonisent, vibrent à l'unisson, non seulement à l'intérieur, mais aussi avec mon environnement. La recherche d'harmonie est devenue pour moi un but, un objectif de vie, peut-être même une fin en soi, l'avenir nous le dira. Tout mon travail d'aujourd'hui et ma vie personnelle sont désormais dirigés vers ce but, avec la patiente obstination du chercheur et beaucoup, beaucoup de plaisir sur le chemin.

Sur ce chemin justement, j'ai fait une autre rencontre déterminante, inattendue et pourtant vitale : l'intuition. Je vis chaque jour d'autant plus dans la gratitude que l'intuition a énormément simplifié et clarifié ma vie. En 2009, j'ai fait le choix d'une formation au coaching de l'intuition. Ce n'était peut-être pas la plus connue et reconnue à l'époque, mais c'était celle qui m'appelait. Vanessa Mielczareck[2], auteure et conférencière, a été l'une des pionnières dans ce domaine en France, et a développé des méthodes d'apprentissage accessibles et efficaces. Chacun de nous est capable d'avoir accès à un niveau élevé d'intuition. Encore faut-il faire le ménage dans le mental et le vouloir. Dans son

2. *Les 9 secrets de l'intuition*, Éditions Quintessence.

livre *Intuition*[3], le maître spirituel Osho décrit clairement la différence entre notre intellect, notre instinct et notre intuition, et leur attribue leur juste place : « *Quand le corps fonctionne spontanément, on appelle cela* "instinct". *Quand l'âme fonctionne spontanément, on appelle cela* "intuition". *Ils sont semblables et pourtant très éloignés l'un de l'autre. L'instinct relève du corps - le grossier - et l'intuition relève de l'âme - le subtil. Et entre les deux se trouve le mental, l'expert, qui ne fonctionne jamais spontanément.* "Mental" *signifie* "connaissances". *Les connaissances ne peuvent jamais être spontanées. L'instinct est*

3. *Intuition*, Maître Osho. Almasta Éditions.

plus profond que l'intellect, mais l'intuition est supérieure à l'intellect. Les deux sont au-delà de l'intellect et les deux sont bons. »

Cependant, avoir accès à l'intuition ne suffit pas. Il faut apprendre à vivre dans l'intuition, à être intuition. Intégrons-la comme une compétence d'abord, puis comme un élément vital à part entière, à la même enseigne que l'air que l'on respire. Pratiquons-la au quotidien afin de muscler cette partie de nous, jusqu'à progressivement ne plus avoir à y penser pour y accéder. Alors qu'elle s'efface souvent devant l'intellect pour n'occuper qu'une infime place sur notre disque dur, elle devrait s'imposer à 90 %. La vie serait plus fluide, les relations plus douces, les succès plus nombreux si nous acceptions de laisser le temps au temps et de suivre notre guide intérieur. Lui sait mieux que quiconque ce qui est juste pour nous **et** pour l'Univers en même temps. Lui connaît le bon moment, la bonne destination, le bon chemin. L'intuition ne s'explique pas, elle ne se décrit pas : elle ne se justifie pas, elle ne s'analyse pas, elle se vit. Elle est une fulgurance qui va au-delà de nous et relie des parties entre elles inexplorées par le mental. Elle est en lien avec la sagesse ancestrale et la connaissance universelle, infinie, qui n'a peut-être ni origine ni destination. Je considère l'intuition comme l'une de nos ressources les plus précieuses, à laquelle chacun de nous a cet accès illimité.

J'ai l'air d'une passionaria quand je parle d'intuition ? Oui, elle me fascine, tout autant que l'étude et l'observation du qi. Mais c'est aussi parce que je crois profondément que l'humanité se porterait mieux si l'on nous encourageait, dès notre plus jeune âge et au cours de notre maturité, à continuer de suivre nos intuitions plutôt que de privilégier la rationalité à tout prix. Je sais qu'il est difficile de sonder son intime intuition lorsqu'on a fermé les écoutilles du cœur, là où l'on a le plus souffert et lorsque le mental a pris le dessus depuis longtemps. Je reçois dans mon cabinet des personnes qui n'ont pas trouvé d'autre moyen pour arrêter de souffrir que de verrouiller leur ressenti depuis plusieurs années. Elles arrivent avec une sincère envie de changer mais peu de confiance en elles. Elles ne savent généralement pas par où commencer, et notre rôle est de les prendre par la main pour les accompagner sur le chemin de l'autonomie et de la confiance. Il nous faut alors entamer un long et patient travail d'ouverture du cœur qui peut prendre plusieurs mois, parfois quelques années, car cela demande du temps de changer un comportement de protection ancré depuis dix ou vingt ans. Je recommande souvent de compléter ce travail par la dimension corporelle. Par exemple, on peut intégrer la reprise d'un sport ou la pratique régulière de massages, le but étant de reprendre conscience de ses sensations physiques, car ouvrir le cœur passe d'abord par le ressenti. Puis, lorsque la lumière commence à pénétrer dans le cœur de ces personnes, elles redécouvrent avec motivation et émotion ce qu'est la confiance en elles-mêmes et en les autres. C'est alors un nouveau champ des possibles qui s'ouvre à elles, un horizon fait à la fois de réalisme et de gratitude. Pour ouvrir un cœur blessé, il faut avant toute chose apprendre en douceur à débrancher l'instinct de surprotection du mental. Idéalement, celui-ci ne devrait être utilisé que dans sa fonction intellectuelle : c'est-à-dire lorsque nous avons besoin d'analyser, de comprendre ou d'enregistrer des données spécifiques avec notre cerveau – comme lire une carte pour nous repérer dans l'espace ou monter un meuble Ikea. Il est également indispensable mais non exclusif à la recherche scientifique. Les bénéfices de l'intuition par rapport au petit vélo du mental sont gigantesques. Là où le mauvais côté du mental nous restreint et nous terrorise parfois, l'intuition nous ouvre sur le monde et développe parmi tant d'autres choses notre disponibilité d'esprit, notre créativité, la confiance en soi, l'acceptation de l'inattendu, le non-jugement. Être surpris, par exemple : depuis combien de temps cela ne vous est-il pas arrivé dans l'activité éminemment mentale qu'est peut-être votre travail ? Ou dans votre vie quotidienne, votre vie de couple ?

Lorsque le mental prend décidément ses aises, ma technique personnelle est de l'accueillir. Plutôt que de résister, j'écoute ce qu'il a à me dire en essayant de ne retenir aucune de ses pensées ou injonctions. Je les chasse doucement comme lorsqu'on fait glisser son doigt sur un Smartphone pour passer d'une image à l'autre. Progressivement, le flot de pensées s'amenuise pour se tarir : c'est exactement à ce moment-là que je deviens pleinement disponible pour laisser l'intuition me parler. En quelque sorte, je joue aux vases communicants et l'un prend la place de l'autre. Lorsque je médite ou pratique le qi gong, je ressens une douce chaleur dans mon corps qui part soit du *Dan tian* (l'un des principaux centres énergétiques en médecine chinoise) situé sous le nombril, soit du cœur : c'est l'énergie de l'amour universel et inconditionnel qui m'envahit. Et tandis que je ferme les yeux pour apprécier ce voyage intérieur, cette sensation monte pour atteindre mon troisième œil puis tourbillonne jusqu'au chakra couronne. Généralement, ces deux-là vibrent et fourmillent en même temps, comme s'ils trépignaient de me dire quelque chose. Ils semblent tout heureux de me retrouver et c'est un sentiment que je partage. Les antennes invisibles situées au-dessus de mes oreilles bourdonnent, et l'échange d'énergie avec ce que nous appelons « le monde subtil » se fait de plus en plus dense et présent en moi. Je suis persuadée que ces expériences ont une résonnance chimique et physiologique, que chaque cellule fait le plein de bien-être dans ses petites molécules et engramme l'information pour m'aider à y revenir chaque fois plus rapidement, plus instinctivement et intensément. Une fois calme, posée et connectée, je peux poser une question importante à mon intuition et me laisser guider par mon ressenti. Les sensations du corps sont la réponse, elles se logent au creux de nous, dans nos tripes ou dans notre cœur, mais certainement pas dans notre tête. Laissez-vous guider par elles. Même si une sensation désagréable apparaît parfois, elle n'en est pas moins juste. Pour aider mes clients lorsqu'ils sont dans des phases aiguës de contrôle et se sentent incapables de prendre du recul sur leur situation, j'utilise la technique des lectures intuitives qui se résume à ce que je viens de décrire. Je reçois alors des informations sous forme d'images, de ressentis, de paroles, qui vont être en lien avec la problématique de mon client. Si ces informations sont justes pour la personne, nous les recueillons, les analysons et pouvons en extraire des enseignements qui vont l'aider à ajuster son comportement et déterminer les changements à mettre en place afin de progresser dans la résolution de sa problématique.

Au quotidien, je ne manque jamais une occasion de laisser mon intuition décider pour moi. Lorsque je choisis ce que je souhaite manger au restaurant, je lui demande de quoi mon corps a envie ou besoin. Lorsque j'hésite entre deux activités, je lui laisse me faire sentir ce qui est le plus juste pour moi à ce moment précis. Lorsque je dois réagir face à une situation ou une personne particulière, j'essaie au maximum de prendre quelques instants pour la sonder. Je vous avoue que les quelques dernières fois où je ne l'ai pas écoutée, j'ai ressenti énormément de culpabilité et un certain malaise. Je me suis alors promis de ne plus jamais l'ignorer.
Ce que j'aime par-dessus tout avec l'intuition, c'est qu'elle est le contraire du tyran : elle ne s'impose jamais mécaniquement, froidement. Elle s'invite comme une évidence, elle ne se discute pas, elle joue de sa douce autorité intérieure pour nous faire sentir que c'est bon et juste pour nous. Êtes-vous prêt à faire ce grand voyage intérieur vers votre intuition ?

Ce que nous avons appris

Ce chapitre est une clef pour comprendre l'impérieuse nécessité de faire confiance à son intuition et, pour cela, d'apprendre à la reconnaître. Comme je l'explique, l'intuition passe avant tout par le ressenti dans le corps. Celui-ci ne ment jamais, contrairement au mental (l'intellect qui, par ailleurs, se révèle être une superbe machine) qui peut polluer nos jugements, voire nous induire en erreur.

Comment le mettre en pratique

Pour déclencher votre intuition, vous allez explorer votre ressenti et vos sensations.

Commencez par vous caler confortablement dans votre siège.
Prenez une grande inspiration par le nez en gonflant le ventre, expirez en crachant l'air par la bouche et en lâchant volontairement (et même exagérément) les épaules, le cou, la mâchoire, le front, le ventre. Recommencez jusqu'à ce qu'une impression de détente vous envahisse.

Pensez ensuite à la problématique qui vous préoccupe en ce moment et à la question que vous aimeriez poser à votre intuition.

Au lieu de poser cette question à votre tête, **posez-la à votre corps, envoyez-la à l'intérieur de vous, au plus profond de vos tripes, au creux de vous**, et restez simplement attentif à la réaction de votre corps, aussi furtive soit-elle, sans la juger.

La vibration émise par votre corps est la réponse. Elle est juste, car c'est celle que vous ne contrôlez pas. Elle vous indique la direction à suivre.

Plus vous pratiquerez cet exercice quotidiennement, que ce soit pour prendre des décisions importantes ou choisir entre fromage et dessert, plus il vous sera simple, rapide et fiable de faire appel à votre intuition. Elle est le médium que choisit votre guide intérieur pour vous aider à retrouver votre libre arbitre.

Clef 6

Créez l'intérieur qui vous ressemble

L'initiation à l'intuition étant en cours de mise à jour dans votre logiciel interne, le lien avec la créativité suit naturellement. Qu'est-ce que la créativité a à faire avec le Feng Shui ? Tout ! Tout parce que le Feng Shui a beau être une discipline extrêmement précise et codée, la recherche de solutions à mettre en place doit parfois faire appel à notre esprit créatif. Et puis la créativité, c'est la vie !

Si je vous demande de vous laisser sentir ce que vous aimeriez voir face à votre lit lorsque vous ouvrez les yeux chaque matin, c'est pour faire appel à votre intuition (« *Qu'est-ce qui est bon pour moi ?* »), puis à votre créativité afin de matérialiser cette envie. Créer un intérieur qui vous ressemble en conscience, c'est être acteur de votre vie. Avez-vous réellement choisi chaque détail, chaque couleur, chaque tissu, chaque forme, chaque objet de votre intérieur ? Aimez-vous sincèrement ce tableau, mais aussi cette cuillère à café et cette serviette de toilette ? Être en vibration positive avec chacun des éléments qui compose votre quotidien est important pour conserver un niveau d'énergie élevé. Alors que j'écris ces lignes, cela fait quatre mois que j'ai emménagé avec mon mari, nos deux enfants et notre chat, dans un nouvel appartement parisien. Il faut que je vous raconte cette histoire.

À la fin de l'été 2017, j'ai donné naissance à Rose, notre deuxième enfant. Nous nous sommes alors posé la question de déménager afin de nous agrandir. Nous étions attachés au quartier parisien des Batignolles, dans lequel nous avions pourtant déjà passé quatorze ans, mais aussi à notre appartement, un petit duplex avec trois chambres et un espace ouvert, charmant et lumineux. En réalité, il est apparu assez rapidement que celui-ci devenait trop étroit et surtout trop sonore avec deux enfants ! Un dimanche soir où mon mari me fit comprendre que l'un d'entre nous était en trop dans cette maison (tout en regardant le chat, oups !), nous décidâmes de ne pas sacrifier ce dernier, mais bien de nous mettre à la recherche de l'appartement idéal. Autant vous dire que pour une experte en Feng Shui traditionnel, c'est un projet à la fois excitant et redoutable, car en apparence difficilement conciliable avec l'ensemble des exigences que pourrait imposer la recherche du Feng Shui parfait. Il fut cependant convenu que je me mettrais sur le dossier dès le lendemain.

Ce qui arriva ensuite dépasse largement les règles du Feng Shui et serait plutôt de l'ordre de la destinée. Les Parisiens qui lisent ces lignes savent à quel point le marché de l'immobilier, outre le fait qu'il soit hors de prix, peut s'avérer sauvage et redoutable. En gros, les agences ne prennent même pas la peine de publier leurs meilleurs biens, ceux-ci étant en priorité réservés à leur fichier de clientèle et vendus en une semaine. Avant toute chose, je décidai de créer une alerte quotidienne sur Internet afin de sonder le marché, en précisant les critères suivants : « *appartement à vendre, trois chambres, Paris XVII*^{e} ». Je reçus la première alerte dans la matinée. Elle comprenait trois offres. Mon œil fut immédiatement attiré par un prix un peu au-dessus de notre budget (pourquoi est-ce toujours comme ça ?), mais surtout par la photo qui l'accompagnait et représentait une pièce à vivre surplombée d'une verrière datant des années 1900. Quelle beauté ! L'annonce correspondait à nos critères, mon cœur se mit à battre très fort et je montai en température. Mais pas d'affolement, il me fallait d'abord savoir si le plan de masse était globalement régulier (l'un de mes premiers critères Feng Shui), car sans cela il était hors de question d'aller plus loin. J'envoyai un message et, dans la foulée, je reçus un appel de l'agent immobilier qui me dit que « *oui, enfin non, le plan n'est pas vraiment régulier* ». Ah. « *Envoyez-le moi quand même* », demandai-je. À sa réception, je trouvai que ce n'était pas si mal, même plutôt acceptable. Dans tous les cas, c'était loin d'être rédhibitoire. Nous prîmes rendez-vous pour une visite le jeudi (pour rappel, nous étions toujours lundi matin). Et c'est là que la destinée prit la direction des opérations. Je ne me contrôlais plus et c'était fantastique. Plus les heures passaient, plus mon être et mon esprit étaient appelés par le Maître du lieu. Je me mis à ne penser qu'à lui, indépendamment de ma volonté, et il m'était impossible de me concentrer sur quoi que ce soit d'autre.

Le lendemain matin, je n'y tenais plus : j'appelai l'agent immobilier en demandant s'il y avait une possibilité de visiter l'appartement à la mi-journée puisque je serais dans le quartier pour un rendez-vous. Elle vérifia avec les propriétaires et me confirma la visite. En arrivant en bas de l'immeuble, mon cœur battait la chamade. Avant même de relever les orientations et de faire le tour de l'appartement, mon corps donnait des signaux positifs. Je savais que nous viendrions habiter ici (et que le chat y aurait toute sa place !).

Mon mari, qui était en voyage, ne serait de retour que le jeudi. Vous pouvez imaginer mon état d'impatience. Je lui racontai toute l'histoire, en essayant tant bien que mal de ménager mon enthousiasme afin de ne pas brusquer les choses ni d'avoir l'air de lui forcer la main. Il visita l'appartement le jeudi soir et nous fîmes une offre d'achat dès le vendredi matin. Cinq jours. Il nous a fallu cinq petits jours et une seule visite d'appartement pour trouver notre bonheur. Bien sûr, tout n'est pas parfait (la cuisine est minuscule, et l'escalier intérieur est étroit et raide), mais il correspond tout à fait à ce dont nous avons besoin à ce moment de notre vie. Et il a un bon Feng Shui !

Je savoure souvent cette histoire. Que s'est-il passé exactement ? Je pense que nous avons bénéficié d'un alignement de planètes, que l'Univers a magnifiquement œuvré pour nous parce que nous étions prêts, que c'était le moment juste, et que ce changement correspond à la nouvelle histoire que nous sommes en train d'écrire. Je mesure ma chance et ne manque jamais une occasion d'exprimer ma gratitude.

« PLUS VOUS INCARNEZ CE EN QUOI VOUS CROYEZ, PLUS VOUS VOUS APPROCHEZ DE VOTRE ESSENCE. »

Nous héritons souvent des meubles et objets de nos parents, des amis de nos parents ou de cadeaux qui n'en sont pas. Par fidélité, obligation ou facilité, nous les trimbalons d'un logement à un autre sans même nous demander si nous les apprécions véritablement. Et puis un jour, on prend conscience qu'on ne peut plus voir la commode de la belle-mère ! Mais voilà, nous vivons à deux et l'être aimé, lui, l'aime bien (la commode et sa maman). C'est à ce moment que je vous demande de faire appel à votre créativité (et votre diplomatie) pour trouver le bon compromis. Par exemple, peut-être pouvez-vous garder la commode, mais dans une pièce plus neutre que la chambre à coucher ?

Pour aménager notre nouvel appartement, je suis allée puiser dans des cases que je n'avais pas ouvertes depuis longtemps, voire que je ne me connaissais pas. J'ai aimé faire le Feng Shui jusqu'au bout des ongles, et j'ai aimé laisser l'esprit du lieu m'imprégner. Il m'a beaucoup parlé, et je crois qu'à son contact, j'ai appris à écouter les lieux de vie bien plus finement qu'auparavant. Mon ressenti énergétique a fait un bond ces derniers temps, au point que ma sensibilité se trouve parfois à fleur de peau dans certains lieux. Adapter les grilles du Feng Shui à nos personnalités, caractères, mode de vie, envies et besoins, a été un formidable travail de créativité et d'introspection. J'ai tenté de concilier les besoins de nous cinq et la vie de famille, les goûts et les couleurs, de retranscrire la place de chacun et ce qu'il apporte, d'inscrire l'intemporalité (probablement le ciment de notre couple qui n'a pas d'âge, ou plutôt tous les âges) comme fil conducteur. Nous nous sommes demandé en conscience ce que nous voulions conserver, ce que nous souhaitions avoir de neuf, pas uniquement parce que c'était nécessaire mais parce que c'était juste. Notre intérieur est fait de peu de choses « héritées », si ce n'est la commode d'une bien-aimée arrière-grand-mère, le Bouddha d'une grand-mère et la console de parents. C'est la lignée qui est représentée par ces choix et elle nous porte avec bienveillance. Je me suis efforcée de conserver uniquement les objets et affaires personnelles qui nous conviennent et que nous aimons, qui correspondent à notre style de vie et sont en phase avec notre état vibratoire.

Les premières semaines, notre petit garçon, Lancelot, ne voulait pas dormir dans sa chambre qui se trouve au bout de l'appartement, c'est-à-dire un peu éloignée de nous. Je lui ai demandé ce qui n'allait pas. Il a voulu modifier quelques éléments dans son univers. Cela a été un vrai enseignement pour moi, car j'avais fait ce qui était de mon ressort (Feng Shui et aménagement en fonction de ce qu'il m'avait dit de ses goûts), mais à quatre ans, un enfant est davantage capable que bien des adultes de savoir et d'exprimer ce qui est bon pour lui. Ainsi a-t-il souhaité se débarrasser d'une commode et rapprocher son lit de la porte, accrocher plus d'éléments de décoration aux murs, changer une lampe et mettre davantage de couleurs. J'ai adoré faire cet exercice de totale créativité avec lui. Il a alors pris progressivement possession des lieux, il y dort chaque nuit, et nous aimons beaucoup passer des heures à y jouer.

Mon mari, de son côté, a fait preuve d'une patience digne d'un Maître zen en acceptant que notre lit, en attendant le bon moment pour le placer dans la meilleure orientation, soit positionné dans une orientation totalement farfelue pendant plusieurs mois !

Ce que je veux vous transmettre à travers notre expérience, c'est qu'il est primordial – notamment lorsque vous avez la chance d'emménager dans un nouveau lieu de vie – de vous poser toutes ces questions, et pas seulement « *Où vais-je accrocher ce vieux cadre ?* »

« *Qu'est-ce que je souhaite vivre dans cet espace ? Qu'ai-je envie d'expérimenter et de transmettre ? Qu'est-ce qui me ressemble ? Qu'est-ce qui est le plus important pour moi/nous ? Comment pourrais-je le matérialiser chez moi ?* » Cela revient à vous poser la question « *Qui suis-je ?* », et y répondre non avec des mots qui sont parfois réducteurs, mais en incarnant vos valeurs. Plus vous incarnez ce en quoi vous croyez, plus vous vous approchez de votre essence

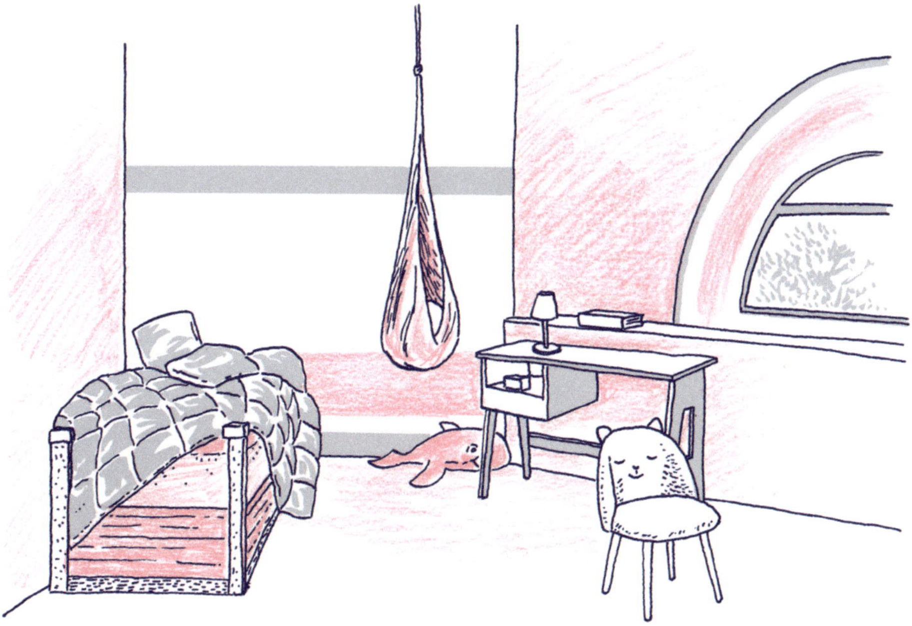

et vous vous alignez avec plus grand que vous. C'est-à-dire que vous transcendez ce qui a été fait et réalisé jusque-là pour découvrir des capacités de créativité insoupçonnées de vous. C'est encore et toujours davantage de connaissance de soi, et cela peut aller jusqu'à une plus grande ouverture de conscience.

Ce que nous avons appris

Il y a mille façons d'être créatif, que ce soit en écrivant un poème ou en concoctant un bon petit plat avec les restes du réfrigérateur. C'est une ressource qui nous amène parfois à vivre des instants de joie et de fierté. Être créatif dans tous les domaines de sa vie est un état qu'il est possible d'atteindre si on le pratique avec conscience, et si l'on apprend à se connaître.

Comment le mettre en pratique

Nous avons beaucoup plus de choix que nous ne croyons.

- Par exemple, vous pouvez choisir de vous rendre à votre travail de diverses manières : à pied, à vélo, en transports en commun, en voiture, en covoiturage. **Utilisez votre créativité pour changer la routine quotidienne**. Si vous n'avez pas la possibilité d'abandonner complètement les transports en commun, peut-être pouvez-vous descendre une ou deux stations de métro ou de bus avant votre destination ? Cette marche vous offrira un sas de décompression bienvenu avant d'arriver au bureau et/ou de rentrer chez vous le soir.

- Chez vous, peut-être avez-vous la possibilité de **changer la disposition de certains meubles**, histoire de réveiller un intérieur endormi. Tel un enfant, jouez à casser l'ordre établi.

- Vous pouvez faire le même exercice en vous habillant chaque matin : choisissez un accessoire « décalé » pour donner du peps ou du mystère à votre tenue.

Le seul mot d'ordre est : « *Amusez-vous !* »

Clef 7

Apprivoisez le temps

Il y a plusieurs années, lorsque nous nous débattions pour avoir un enfant, je n'avais qu'une obsession : que ça arrive *tout de suite maintenant*. Cela m'a pris des mois et des mois de travail personnel pour comprendre qu'apprivoiser le temps ne passait pas par une lutte (vouée à l'échec puisqu'à armes inégales), mais bien par une acceptation. Il fallait non pas le retenir, mais au contraire le laisser partir. Cette acceptation est celle du temps qui passe, du temps qui nous échappe, du temps qui s'allonge ou se rétracte. Comme s'il était fait de matière vivante, souple et invisible, la matière de l'Univers. Cette acceptation a fait naître en moi une prise de conscience essentielle qui a changé ma perception et, par extension, mon rythme intérieur. J'ai fait du temps mon allié. Au lieu de m'épuiser à courir après lui, j'ai accepté qu'il y a « un temps pour tout », ou encore qu'il faille laisser « le temps au temps ». J'ai réalisé que j'adoptais progressivement la philosophie chinoise relative au temps, art de vivre si particulier pour nous Occidentaux, mis en exergue dans le *Yi Jing* ou « Livre des changements », vieux d'environ trente-cinq siècles[1]. Celui-ci enseigne qu'il est parfois nécessaire d'avoir la sagesse de cesser d'agir et simplement attendre le bon moment, c'est-à-dire le moment *juste*, celui qui permettra à l'engrenage de la vie même de faire son travail. Cela s'appelle « adopter une attitude Yin ». Dans mon cas précis, la posture Yin se traduisait par continuer d'avoir la foi en notre projet et en nous, tout en acceptant que j'avais mis en œuvre tout ce qu'il était possible d'engager pour le faire éclore, mais que le

1. *Yi Jing – Le livre des changements*. Cyrille J.-D. Javary. Éditions Albin Michel.

résultat, à ce stade, ne dépendait plus de moi seule. Il fallait que la fenêtre d'opportunité énergétique s'ouvre, même si cela impliquait d'attendre plusieurs années.

Il est souvent difficile de détecter le moment où nous arrivons à ce tournant, celui où nous devons lâcher prise et laisser faire le processus, sans garantie que le résultat soit celui que nous escomptons. Il faut parfois accepter que nous ne pouvons plus rien FAIRE. Selon moi, il y a peu de prises de conscience aussi difficiles à intégrer que celle du lâcher-prise, car tant que nous tenons les rênes fermement, nous vivons dans l'illusion du pouvoir (dans son sens étymologique « être capable de ») et, par conséquent, de contrôler notre vie. Cette posture de contrôle, finalement assez peu naturelle, nous ment et nous enferme dans une rigidité qui peut prendre divers visages et impacter de nombreux aspects de notre personnalité. En consultations de coaching, je rencontre fréquemment des personnes qui ont fait du contrôle un mode de vie, de relation, voire de management. Avant même de « déprogrammer » ce que je considère comme un carcan, je dois souvent passer plusieurs séances à faire prendre conscience à ces personnes que ce ne sont généralement pas les autres qui nous brident et nous empêchent de réaliser nos rêves et projets, mais bien notre propre comportement rigide, dont le siège se trouve dans celui que nous appelons « le mental » (bouuuuh !). Nous verrouillons des façons d'être et de faire par habitude, par peur, par fidélité... Les raisons en sont variées et généralement liées à notre histoire personnelle.

« SEULE LA PRATIQUE QUOTIDIENNE DE NOUVELLES HABITUDES EN ACCORD AVEC NOTRE ÊTRE PROFOND PERMET UNE VÉRITABLE TRANSFORMATION. »

La clef pour ouvrir la porte au lâcher-prise réside dans un nettoyage émotionnel permettant de dépoussiérer nos habitudes et nos héritages inconscients, afin de découvrir et de faire de la place à notre véritable personnalité, celle qui sera en accord avec nos valeurs et nos besoins. Progressivement, nous réapprenons à écouter et faire confiance à notre intuition, nous « reprogrammons » chaque cellule par des comportements plus justes. Ici encore, le passage par le corps et son ressenti fait partie de la transformation. Plus vous incarnez vos valeurs, plus vous vivez en harmonie. Et seule la pratique quotidienne et assidue de nouvelles habitudes en accord avec votre être profond permet une véritable transformation. Ce que je considère comme une hygiène de vie relationnelle (avec soi et les autres) est un muscle qui doit être entraîné tout au long de notre existence. Ces transformations intérieures peuvent être symbolisées dans l'intérieur de nos maisons, à travers des changements de décor, de place, l'adoption d'une certaine discipline de rangement, mais aussi le grand ménage de printemps ou même un déménagement.

Apprivoiser le temps afin d'en faire un allié a commencé pour moi lorsque j'ai cessé de courir après lui. Cesser de courir après lui, c'est le considérer comme une information la plus neutre possible. Ce qui compte n'est pas le temps en lui-même, les heures ou les années qui passent, mais bien notre perception de celui-ci. J'ai fait la paix avec le temps lorsque j'ai compris que notre relation était ambiguë. Mais encore fallait-il en trouver la racine. J'ai pris mon courage à deux mains, sorti tous mes outils de coaching et suis allée à la recherche de moi-même, de la petite fille que je pouvais bien être et dont je m'aperçus que je ne la connaissais finalement pas si bien.

Je me souviens que j'étais une enfant mûre : ma mère vous dirait avec fierté que je suis née quinze jours avant le terme, que j'ai marché à neuf mois, sauté ma première année de maternelle, que je n'ai pas joué à la poupée et que et je préférais la compagnie des adultes à celle des autres enfants. Plus tard, j'ai eu mon permis à dix-huit ans et trois jours, et j'étais souvent la plus jeune à l'université ou parmi mes collègues de travail. Enfin, j'ai fini par épouser, à vingt-cinq ans, un homme qui en avait trente de plus que moi ! Très tôt s'est ancrée dans mon esprit la croyance qu'être enfant n'était pas digne d'intérêt. Si je voulais être « reconnue » par ceux qui comptent (les adultes), il fallait grandir, et vite ! Ce n'est qu'à l'occasion de cette introspection que j'ai compris combien ma relation à l'enfance et aux enfants sonnait faux : dans les familles d'aujourd'hui, les enfants occupent bien souvent la place centrale, et cette place-là, j'ai réalisé que je n'étais pas prête à la laisser (à mes propres enfants que je désirais pourtant si ardemment). Patatras ! Cette découverte totalement inattendue fut pour moi un bouleversement, probablement la prise de conscience la plus importante de ma vie. Elle a d'abord ouvert une énorme brèche de culpabilité (« *Comment pouvais-je être jalouse des enfants ?* »), puis un torrent de soulagement. Cinq mois plus tard, j'attendais notre premier enfant et j'étais heureuse de lui dédier la place qu'il méritait : la première.

Dès lors, j'ai remis le temps à sa place : j'ai arrêté de courir après le bus, j'ai appris à apprécier le moment présent (merci Mr Eckhart Tolle[2]), et cessé de vouloir être au lendemain. Et puis j'ai accepté que mes transformations intimes – en bonne Capricorne, comme dirait mon amie astrologue Sophie Keller – étaient d'autant plus profondes et solides qu'elles prenaient du temps (onze ans pour parvenir à être maman) !

Certains sont adeptes de la *slow life* : c'est un terme que j'aime assez, car il porte en lui les germes d'une appréciation différente, peut-être plus qualitative, des événements qui font le sel de notre vie. Adopter un mode de vie respectueux de notre rythme naturel, c'est finalement faire de la place à ce (et ceux !) qui compte vraiment pour nous. L'idée n'est pas de vivre au ralenti, mais bien de se poser la question : « *Quel est le rythme qui* **me** *convient ?* » Certains trouveront leur plaisir dans l'alternance de suractivité et de moments calmes ; d'autres, dont je fais partie, chercheront

2. *Le pouvoir du moment présent*, Eckhart Tolle. Éditions J'ai lu.

à adopter un rythme relativement régulier, une vitesse de croisière, qui assurera de pouvoir tout à la fois mobiliser et réserver suffisamment d'énergie afin de tenir la distance. Si vous manquez d'énergie, il pourrait bien s'avérer inutile de vous gaver de vitamines et de produits dopants si vous ne surveillez pas le niveau de votre qi interne. Je rappelle que nous n'avons pas tous le même capital énergétique de départ et que cela se ressent à mesure que les années passent. Mon mari a, selon moi, la chance d'avoir de belles réserves énergétiques, ce qui n'est pas mon cas. C'est d'ailleurs pour cette raison, sans le savoir au départ, que je me suis intéressée de près et formée aux pratiques telles que le Feng Shui, le reiki ou le qi gong. Et ça marche !

« Être au bon endroit, au bon moment » est une autre façon de parler du Feng Shui. Autrement dit, la recherche de l'harmonie, de l'équilibre, de l'alignement entre l'espace (symbolisé par la terre) et le temps (le ciel). Dans la tradition chinoise, ces deux forces n'en font qu'une - par exemple lorsqu'il s'agit d'établir le profil énergétique d'une personne (Bazi) ou d'une maison. Pour chaque personne, nous utilisons la date et l'heure (temps) ainsi que le lieu (espace) de sa naissance afin d'analyser les forces en présence au moment de sa première inspiration. Lorsqu'il s'agit d'un lieu, nous relevons son orientation (espace), ainsi que les dates de construction, d'éventuels travaux majeurs et d'emménagement des occupants (temps). Ces données analysées nous permettent d'avoir une idée assez précise de la qualité du qi et de l'adéquation énergétique entre un lieu et une personne. Par ailleurs, depuis que je travaille avec mon Maître Feng Shui Badema sur la sélection de dates favorables, cela me permet d'accompagner de façon plus fine encore mes clients. Les résultats sont très intéressants. Cette méthode consiste à sélectionner à partir du calendrier basé sur le zodiaque chinois, les dates compatibles avec notre profil énergétique afin de nous placer dans le meilleur flux possible (Badema dirait que cela consiste à « monter dans le bon train »). Il est très important de choisir le bon moment pour les grands événements de la vie (mariage, déménagements, signatures de contrats, etc.), mais aussi d'autres fondamentaux comme les rendez-vous médicaux (opération chirurgicale), les voyages, ou encore pour placer les meubles principaux, tels que le lit, le bureau ou le canapé. Être dans le bon « flux » spatial et temporel favorisera votre santé, la qualité de votre sommeil ou encore la réussite de vos projets ou votre créativité. Je comprends que notre cerveau occidental puisse être sceptique à cette idée nouvelle (!) que le temps influence si précisément le cours de notre vie. Mais qui n'a jamais fait l'expérience d'être au bon endroit, au bon moment, comme si les planètes s'étaient miraculeusement alignées au-dessus de notre tête pour nous offrir la rencontre dont nous avions besoin à ce moment précis de notre vie ? Je dis souvent que les synchronicités, terme cher à Carl Gustav Jung, sont le signe que l'Univers conspire. Souvenez-vous aussi de notre jardinier qui plante sa graine à un endroit précis en fonction du cycle de la Lune... L'engouement récent pour l'astrologie dans

notre pays est sans doute le signe que les mentalités évoluent et acceptent d'être guidées par d'autres formes d'influences que notre seul libre arbitre. Cette ouverture est une chance et une opportunité de mieux gérer sa vie, d'apprendre à faire confiance et à lâcher prise.

Le véritable voyage, ce n'est pas de parcourir le désert ou de franchir de grandes distances sous-marines, c'est de parvenir en un point exceptionnel où la saveur de l'instant baigne tous les contours de la vie intérieure.

Antoine de Saint-Exupéry, *Le Petit Prince*

Ce que nous avons appris

Chacun de nous est façonné par son histoire dans sa relation au temps. Ce lien est rarement neutre, il peut être harmonieux ou disproportionné, source de sérénité ou, plus souvent, de stress et d'angoisse. Faites la paix avec le temps, et vous deviendrez maître des événements.

Comment le mettre en pratique

Dans le cadre d'un projet particulier, fixez-vous un objectif d'aboutissement et de temps ambitieux, mais réaliste et réalisable.

➧ Posez-vous la question suivante : « *Quel timing me paraît le plus juste pour atteindre cet objectif ?* »

➧ Déterminez cette date butoir et demandez à votre corps et votre esprit de mobiliser chacune de vos cellules pour réaliser l'objectif dans le temps imparti.

➧ Déterminez ensuite la liste des actions à mener point par point avec, pour chacune d'elles, une date limite (par exemple, « d'ici dix jours »).

➧ L'objectif est atteint ? Célébrez !
À moitié ? Persévérez en adaptant le timing sans culpabiliser et en suivant le principe de réalité du projet.

Faites du temps votre allié et non votre pire ennemi.

Clef 8

Changez quelque chose dans votre vie

Le Feng Shui et la médecine traditionnelle chinoise s'appuient tous deux sur un concept dont tout le monde ou presque a entendu parler, sans véritablement le connaître et encore moins le comprendre. Très complexe à apprivoiser, délicat à interpréter, il est pourtant fondamental dans la pensée chinoise. Il s'agit de Yin-Yang, symbolisé par ce que l'on appelle le « *taiji* ». Cyrille J.-D. Javary est celui qui en parle le mieux dans ce beau livre qu'il a entièrement dédié à remettre le point sur le *i*[1].

En Occident, Yin et Yang sont souvent présentés comme des opposés, des complémentarités, Yin représentant le féminin, la nuit ou le froid, là où Yang symboliserait le masculin, le jour et la chaleur. On ne peut presque s'empêcher d'émettre un jugement de valeur entre les deux polarités. L'analyse de Cyrille J.-D. Javary est plus fine et subtile : « *L'origine de Yin-Yang est donc à chercher dans la perception chinoise du changement comme fondement même du fonctionnement de la vie* », mais aussi « [...] *au cœur de chaque moment d'une structure évolutive, il y a toujours quelque part l'existence non de son contraire, mais plutôt de son futur... Ce qui parvient à son maximum se transforme en son envers.* »

Dans ma quête d'harmonie, je cherche constamment à trouver des points d'équilibre sur la courbe des forces et des faiblesses, de l'acquis et de l'inné, du connu et de

1. *Yin Yang, La dynamique du monde*, Cyrille J.-D. Javary. Éditions Albin Michel.

l'inconnu. Chaque jour à chaque instant, nous oscillons naturellement entre les émotions dites positives et négatives, entre les prises de risque et la recherche du confort, nos décisions et nos choix étant constamment soumis à notre jugement, notre appréciation ou notre intuition. La vie est faite de passages et, comme le disent les Chinois, la seule et unique chose qui ne change jamais est le changement lui-même. Lorsque j'avais vingt ans, je trouvais ma vie tellement formidable que je voulais que rien ne change. J'aurais aimé figer les choses autour de moi et tout mettre dans un bocal afin de me sentir protégée et être certaine de ne vivre que les moments de lumière, sans avoir à pénétrer mes zones d'ombre. J'avais peur de perdre ceux que j'aime et la vie qui va avec. Cette attitude est contraire au principe même de la vie qui coule dans nos veines, de l'air que nous respirons, des saisons qui passent, des cycles, de la naissance jusqu'à la mort. Bien entendu, la vie ne m'a pas loupée en me rattrapant quelques années plus tard pour me donner de précieux enseignements. Aujourd'hui encore, j'apprends à accepter la part d'ombre inhérente à toute chose, tout événement, toute personne, à commencer par moi-même.

Beaucoup d'entre vous qui lisez ce livre veulent changer de vie. Peut-être vous sentez-vous malheureux dans votre couple, démotivé au travail, ou seul au quotidien. J'ai rencontré un certain nombre de personnes qui multipliaient les consultations chez les médecins et thérapeutes ou se languissaient en analyse depuis dix ans, et s'étonnaient de ne jamais atteindre la guérison ou le changement auxquels elles aspiraient. Si vous voulez que votre vie change, vous devez changer quelque chose dans votre vie. Je répète : si vous voulez que votre vie change, changez quelque chose dans votre vie.

Pourquoi le changement ou la guérison ne peuvent-ils pas venir de l'extérieur ? Parce que sans les prises de conscience, les acceptations et les deuils (symboliques) qui jalonnent tout travail thérapeutique et ne peuvent être que personnels et intimes, le terreau n'est pas fertile pour pardonner, se pardonner, planter et faire pousser de nouvelles graines. Pour obtenir les meilleurs fruits et légumes, combien de temps le jardinier doit-il passer à retourner la terre, bêcher, ratisser, biner, nettoyer, bouturer, planter, nourrir ? Alors que les premières pousses n'ont pas encore pointé le bout de leur nez, ne continue-t-il pas d'arroser quotidiennement en plus du travail de taille et de nettoyage ? Votre psyché et votre corps s'entretiennent comme la rose du Petit Prince. Il faut du temps et du mouvement pour que les choses bougent. Et l'impulsion du mouvement, que l'on nomme « action », ne peut venir que de vous. Notre organisme est tel que c'est en nous que se trouvent les mécanismes de guérison : cela s'appelle le système immunitaire pour le corps. « *Ce qui ne me tue pas me rend plus fort* », disait Friedrich Nietzsche. Oui, à condition de l'accepter et le soigner ou le transcender. C'est aussi, pour aller plus loin, le principe de résilience cher à Boris Cyrulnik[2] qui engage la réparation de l'âme ou de la psyché.

J'ai commencé à réunir mes deux pratiques que sont le coaching et le Feng Shui lorsque certains de mes clients en coaching n'arrivaient pas à passer à l'action. Nous avions beau choisir ensemble des actions réalistes et réalisables à la fin de chaque séance, ils revenaient inévitablement avec de bonnes raisons de ne pas avoir mis en œuvre leur changement. J'arrivais à un blocage qui remettait en cause ma posture et ma façon de pratiquer mon art. J'ai pensé que je devais essayer de contourner leur mental et l'ego qui les terrorisaient pour leur donner une nouvelle chance d'y arriver. S'ils ne pouvaient pas bouger à l'intérieur d'eux, il fallait les faire bouger à l'intérieur de chez eux. J'ai alors

2. *Un merveilleux malheur*, Boris Cyrulnik. Éditions Odile Jacob.

proposé un nouvel outil : une séance à leur domicile, avec une approche Feng Shui de leur intérieur. Ils ont joué le jeu. Et ça a marché.

Ancrés dans nos habitudes, nous ne voyons plus notre intérieur comme une personne nouvelle et neutre pourrait le percevoir. Il suffit parfois de peu de choses, déplacer un lit, ouvrir un volet, enlever un tableau, pour faire bouger une vie. Pour aider ces personnes à évoluer et à passer à l'action, je devais les associer pleinement à la démarche afin 1) qu'ils mettent du sens sur leur histoire et leurs choix, et 2) qu'ils définissent en conscience ce qu'ils souhaitaient réellement vivre à partir de ce moment. Je me souviens de cette jeune femme ambitieuse, si intelligente que son cerveau allait à mille à l'heure. Elle n'arrivait pas à se décider à suivre une seule voie et se perdait sur des chemins parallèles et secondaires, qui ne lui apportaient que frustration et découragement. J'ai souvent constaté que les personnes de très grande intelligence (nous dirions aujourd'hui « précoces »), qui peuvent réussir dans quasiment n'importe quelle activité, ont beaucoup de difficultés à choisir une voie puisque tout leur est possible. Cette jeune femme était venue me consulter pour établir un plan d'actions professionnelles concrètes. Elle était active, rationnelle, cartésienne. Et pourtant, elle ne mettait en œuvre aucune des actions qu'elle avait elle-même déterminées. À chaque fois, elle ouvrait une nouvelle porte. Ce coaching a été un véritable défi pour moi qui suis à l'opposé de la rationalité et l'hyper-activisme ! J'ai été poussée dans mes retranchements comme rarement, et j'ai bien failli lâcher l'affaire après avoir grillé toutes mes cartouches. Une fois encore, ce sont nos clients qui nous font grandir et progresser lorsqu'ils nous obligent à sortir de notre zone de confort.

« LA SOLUTION SE TROUVE À L'INTÉRIEUR DE VOUS, ET DE CHEZ VOUS. »

Lors de la séance de coaching que nous avons faite chez elle, nous avons bougé son canapé, descendu des cadres, déplacé des statuettes, et elle a vraiment joué le jeu. Le travail a donné des prises de conscience et démontré de la curiosité et une volonté d'avancer. Cependant, elle ne m'a plus donné de nouvelles ensuite. Jusqu'à ce jour où, deux à trois années plus tard, je reçus un message dans ma boîte mail. Elle m'expliquait qu'elle avait changé de vie, déménagé à Abu Dhabi pour un nouveau travail, et qu'elle s'était énormément intéressée au Feng Shui au point de le pratiquer à l'aide de livres de référence. Elle s'était également initiée à la lithothérapie, c'est-à-dire au pouvoir des pierres. Pas mal pour une personnalité soi-disant ultra rationnelle ! Je crois qu'une extravagante rationnalité cache généralement un désir fou mais refoulé de faire confiance à l'Univers. Ma cliente semblait en tout cas heureuse et épanouie. Le mouvement a entraîné le mouvement, comme un engrenage vertueux qu'il a fallu dépoussiérer peut-être, ou tout simplement stimuler un peu.

Avant même de parler d'harmonie ou de faire venir un expert en Feng Shui chez vous, vous pouvez faire beaucoup dans votre maison pour vous sentir mieux. Le but absolu de cet ouvrage est de vous responsabiliser et de vous encourager à prendre votre autonomie dans votre recherche de bien-être. Plutôt que de vous dire ce que vous avez à faire, je préfère vous transmettre un état d'esprit et une méthode de questionnement qui serviront à trouver vos propres solutions et inventer votre style de vie unique. J'ai vu trop de personnes se faire du mal en négligeant leur intérieur. Je l'ai déjà dit, je considère que l'on habite son corps comme on habite sa maison. Alors pour commencer, posez-vous la question suivante : « *Comment ai-je envie de vivre lorsque je suis chez moi, et* à l'intérieur de *moi ? Dans la sérénité ? Dans la joie ? Dans le partage ?* » Alors il faut l'exprimer ! Vous devez incarner ce en quoi vous croyez, ce que vous souhaitez vivre. « *Soyez le changement que vous voulez voir dans le monde »*, disait Gandhi. La solution ne vient pas de l'extérieur. Elle se trouve à l'intérieur de vous, et de chez vous.

Ce que nous avons appris

Si vous voulez changer de vie, il est nécessaire de commencer par changer **quelque chose** dans votre vie. Une habitude, une relation, une vision – ou, si cela vous est difficile, quelque chose dans votre maison. Bouger à l'intérieur de chez vous vous aidera à bouger à l'intérieur de vous.

Comment le mettre en pratique

Lorsque vous tournez en rond ou butez sur une problématique, qu'elle soit ponctuelle ou récurrente, interrogez votre maison : regardez-la avec des yeux nouveaux. Postez-vous dans un coin où vous n'avez pas l'habitude de vous positionner et laissez-vous guider par votre intuition. On vous demande ici de changer de perspective pour gagner en lucidité et faire émerger de nouvelles prises de conscience.

Bougez les meubles, mettez de la couleur ou repeignez tout en blanc. Faire bouger l'intérieur de votre maison fera forcément bouger les lignes à l'intérieur de vous et apportera une énergie nouvelle et créative. N'hésitez pas à tester de nouveaux aménagements, dans votre chambre ou votre salon, amusez-vous, prenez-y du plaisir et faites-le en conscience.

Clef 9

Libérez votre nature profonde

Afin d'apprendre quelque chose sur vous aujourd'hui, je vous propose un petit jeu d'introspection. Voici la question à laquelle je vous demande de répondre spontanément : quelle est parmi les couleurs suivantes votre couleur de prédilection, celle qui vous fait le plus vibrer ? Vert, marron, rouge, rose, orange, jaune, gris, blanc, bleu, noir ?

Vous avez trouvé ? Chacune de ces couleurs est associée à un élément énergétique de la médecine chinoise : le bois, le feu, la terre, le métal ou l'eau. La couleur qui vous attire le plus correspond non pas à l'élément que vous appréciez le plus, mais à celui dont vous manquez dans votre profil énergétique de naissance et potentiellement dans le cycle actuel. Par conséquent, c'est ce dont vous avez le plus besoin. Nous cherchons tous à compenser ce qui nous manque à l'intérieur par quelque chose que nous puisons à l'extérieur. J'utilise ici les couleurs comme porte d'entrée à cette compréhension, mais l'analyse de votre Bazi va beaucoup plus loin. Et bien souvent, ce n'est pas une seule couleur qui vous attire, mais deux ou trois.

Vert et marron

Le vert et le marron sont associés à l'élément du bois. Le bois symbolise le lien avec la nature, mais il est aussi associé aux valeurs de compassion, de générosité, d'espoir et de courage. Si vous manquez énergétiquement de bois, saisissez toutes les occasions de vous plonger dans la verdure, que ce soit au travers d'une promenade dans la forêt ou en rempotant vos jardinières. Pensez également aux fruits et légumes verts, aux fleurs fraîches et plantes vertes dans votre intérieur, aux cadres, affiches et photos de nature, au mobilier en bois – mais aussi, et pourquoi pas, à porter du vert !

Rouge et rose

Le rouge et le rose sont associés à l'élément du feu. Le feu est une énergie en expansion comme l'enthousiasme ou la passion. L'amour, le cœur, mais aussi la tendresse, si l'on tend vers le rose, sont liés au feu. Si vous êtes attiré par cet élément, vous pourrez aisément en porter sur vous (vêtements, rouge à lèvres, accessoires), l'introduire par touches plus ou moins importantes dans votre décoration mais surtout vous entourer de lumière, de bougies et faire des feux de cheminée en hiver. Totalement *Hyggeligt*[1], comme diraient les Danois !

---

1. *Le livre du Hygge* : *Mieux vivre – La méthode danoise*, Meik Wiking. Éditions Pocket.

Jaune et orangé

Le jaune et l'orangé sont associés à l'élément de la terre. De forme carrée dans sa symbolique, la terre nous parle d'ancrage et de notre besoin d'enracinement. Elle est souvent le signe d'une lente mais profonde transformation. Si c'est de terre dont vous manquez, entourez-vous d'objets en terre cuite, céramique, argile... et travaillez votre ancrage dans la matière !

Gris et blanc

Le gris et le blanc sont associés à l'élément du métal. On retrouve celui-ci dans les professions liées à l'ordre et la justice (avocat, policier...). Il est synonyme de rigueur et de discipline, il peut être tranchant (Yang) mais aussi précieux (Yin). Si vous avez besoin de métal, peut-être êtes-vous attiré par les intérieurs blancs, les objets et accessoires lisses en métal. N'hésitez pas à favoriser ces éléments sur vous et autour de vous.

Bleu et noir

Enfin, le bleu et le noir sont associés à l'élément de l'eau. Il est lié aux émotions, à la féminité, à l'intuition, au mouvement et à la communication. Un besoin d'eau pourra être satisfait par des promenades et des séjours en bord de mer, ou même au bord du point

d'eau le plus proche de chez vous. Le bleu pourra prédominer dans votre décoration ou votre style personnel, et vous pourrez vous entourer de représentations d'étendues d'eau calme (Yin) ou de vagues de surf (Yang).
Ces quelques pistes, bien que basiques et très superficielles, sont un moyen de vous faire comprendre que tout a un sens dans votre vie. Vous n'aimez pas le bleu ou le jaune par hasard, il y a derrière ces ressentis une ou plusieurs origines que certaines disciplines sont à même d'étudier et d'analyser. Cette perception de nos couleurs préférées évolue d'ailleurs au cours de notre existence. Vous n'allez pas forcément aimer le rouge toute votre vie, car ce ressenti peut tout à fait correspondre au besoin énergétique du cycle dans lequel vous êtes actuellement. Chaque couleur étant également associée à un organe et des viscères, un spécialiste de la médecine chinoise peut aller plus loin et vous proposer un accompagnement par l'acupuncture et la pharmacopée. Il travaillera sur les organes, les méridiens et les cycles impactés par ces déséquilibres afin de rétablir et maintenir l'harmonie dans votre organisme.

Les couleurs que nous portons seraient-elles également le reflet de nos états d'âme ? Vous avez peut-être entendu parler de la chromothérapie (ou chromatothérapie). La thérapie par les couleurs utilise les longueurs d'ondes des couleurs primaires pour stimuler des points à effets bénéfiques sur l'organisme et la psyché. Les couleurs émettent une vibration et auraient la capacité d'influencer notre système immunitaire. Il semblerait que cette thérapie alternative conjuguée à l'acupuncture puisse agir sur nos humeurs et corriger certains troubles. Avant même de faire appel à un chromothérapeute, vous pouvez utiliser le pouvoir des couleurs au quotidien pour booster votre moral et accompagner vos projets. Selon Jean-Gabriel Causse[2], designer et coloriste, le blanc serait par exemple la plus mauvaise des couleurs à appliquer dans un bureau, car elle provoquerait l'ennui : or, les murs de la plupart des bureaux sont... blancs ! Le rouge serait quant à lui la couleur des gagnants et le vert, celle de l'équilibre par excellence. Bleu et vert sont associées à la créativité, alors que le rouge, l'orangé et le jaune soutiennent la productivité.

Nous questionnons rarement notre lien intime avec la nature. Bien sûr nous parlons de grands principes d'écologie, nous essayons au quotidien de réduire notre impact environnemental, mais il est intéressant d'aller plus loin et d'analyser la relation personnelle que nous entretenons avec la puissante nature, ses végétaux, les animaux, les minéraux. À quel point fait-elle partie de notre vie, notamment chez les citadins ? À quel point voulons-nous l'intégrer au quotidien et l'incarner ? Quel lien faisons-nous avec notre propre nature ?
Je m'interroge pour savoir si la connaissance de notre nature profonde est conditionnée par l'intimité de notre lien avec la nature. Êtes-vous ému par un lever de soleil, un champ de coquelicots ou une abeille qui butine ? Êtes-vous capable de vous laisser totalement envahir par cette

2. *L'étonnant pouvoir des couleurs,* Jean-Gabriel Causse. Éditions Le Palio.

émotion et vous abandonner dans l'expression de votre ressenti, du rire jusqu'aux larmes ? Je vous pose la question car la réponse n'est pas évidente. Cet état d'abandon suppose une capacité à être connecté à ce qui est plus grand que nous, sans jugement et sans filtre, et à aimer sans réserve. Une capacité à reconnaître la supériorité de la nature sur notre mental qui croit pouvoir tout maîtriser. Il me semble que plus nous faisons un avec elle, plus nous sommes enclins à profiter des bienfaits de son énergie. Interroger et visiter notre relation à la nature est un outil de connaissance de soi original et puissant. Les Japonais, par exemple, ont inventé dans les années 1980 la technique du bain de forêt, qu'ils appellent « *Shinrin-Yoku* »[3]. Elle consiste à s'immerger en pleine forêt à l'aide de nos cinq sens et à être simplement présent et conscient de la nature qui nous entoure. Vous pouvez marcher ou bien rester immobile, y aller seul ou à plusieurs, y pratiquer votre yoga, quelques étirements ou ne rien faire du tout. Ce qui compte le plus, c'est de laisser parler votre ressenti : trouvez le bon endroit et laissez la forêt faire le reste.

« IL VOUS SUFFIT D'ÊTRE PRÉSENT À VOUS-MÊME ET EN ÉTAT D'ACCUEIL BIENVEILLANT DE VOTRE ENVIRONNEMENT. »

3. *Shinrin Yoku, l'art et la science du bain de forêt*, Dr Qing Li. Éditions First.

Dans le prolongement du petit jeu des couleurs du début de ce chapitre, vous pouvez progresser dans votre connaissance de vous-même en étant attentif aux sens qui sont chez vous les plus sensibles ou développés. Les organes des sens sont, dans la médecine chinoise, reliés aux organes internes (plus précisément aux « viscères ») et à des trajets d'énergie très précis. Les yeux, par exemple, sont directement reliés au foie. Bertrand Bimont, ostéopathe et praticien en médecine traditionnelle chinoise, explique que « *l'œil reflète l'énergie vitale de l'individu* », et en conséquence son état de santé. Ainsi, « *les poumons se reflètent dans le blanc des yeux, les reins dans la pupille, le foie dans l'iris, le cœur à l'intérieur et l'extérieur du coin de l'œil et dans les vaisseaux sanguins, et la rate dans les paupières* ». Je suis toujours fascinée par la finesse et la somme de connaissances de la médecine chinoise qui, dans son essence, se veut préventive plus que curative. N'est-ce pas là ce que l'on demande à la médecine ? Pas uniquement de nous guérir, mais avant tout de nous permettre de vivre en bonne santé ?

Afin de mieux connaître vos propres yeux, mais surtout votre regard lors d'un bain de forêt, concentrez-vous sans aucune attente de résultat. Détaillez l'écorce de l'arbre, son épaisseur, ses nervures, son aspect, sa couleur, laissez-vous imprégner par la sensation que ce moment vous procure. Continuez en inspectant les nuances de vert sur les feuilles et observez l'intensité des rayons de lumière qui pénètrent dans la clairière. Utilisez votre pleine conscience

pour « laver » vos yeux sans émettre de jugement quelconque, simplement en captant les informations qui vous entourent et vous touchent.
Vous pouvez faire cet exercice avec chacun des organes des sens. Vous en ressortirez énergétiquement « nettoyé » de la tête aux pieds. Pour cela, écoutez les oiseaux qui communiquent entre eux, entendez les craquements des brindilles sur le sol, ressentez la mousse sous vos pieds, trempez vos mains dans l'eau fraîche du ruisseau, inspirez profondément, laissez infuser en vous les essences thérapeutiques des végétaux, l'air pur et frais du sous-bois, caressez l'humus et goûtez-le.
Pour finir, prenez votre plus bel arbre dans les bras et câlinez-vous tous les deux, abandonnez-vous à sa force libératrice et à l'espoir en devenir inscrit dans sa moelle. Ainsi, le Dr Qing Li nous encourage à nous abreuver « *du goût de la forêt* » et à libérer « *notre sentiment de joie et de calme* » : notre sixième sens, un état d'esprit.

Maintenant que vous savez vous connecter à la nature, vous pouvez faire cet exercice de pleine conscience à tout moment, dans votre jardin, au parc, en bord de mer, dans la campagne anglaise ou la jungle indonésienne. Il vous suffit d'être présent à vous-même et en état d'accueil bienveillant de votre environnement. Ces états d'être nous élèvent et nous éveillent. Ils nous rapprochent de notre propre spiritualité.

Ce que nous avons appris

À la lecture de ce chapitre, vous avez pu constater qu'il n'existe pas vraiment de hasard. Même nos goûts et nos couleurs sont conditionnés par nos manques et nos besoins.
Je vous ai également invités à vous interroger sur votre lien avec la nature, car je pense qu'il est fondamental dans l'acceptation de qui nous sommes, ainsi que dans notre confiance et notre estime personnelles.

Comment le mettre en pratique

Je vous propose de matérialiser chez vous ce lien avec la nature. C'est un exercice que vous pouvez effectuer avec vos enfants, car ils l'adorent.

- Allez vous promener dans un parc, au bord de l'eau, dans la campagne ou la forêt. Dans un panier, collectez tous les éléments de la nature qui vous touchent, vous interpellent, vous apaisent. Cela va d'une pâquerette à une plume, en passant par des marrons, des pommes de pin, des fleurs ou des feuilles. Avec mon fils, nous les appelons « nos trésors de la forêt ».

- De retour à la maison, confectionnez un autel « ode à la nature » dans un coin du salon, sur lequel vous entreposerez chaque semaine vos propres trésors : branchages, fleurs, feuilles, etc., et les intégrerez aux autres éléments de décoration et d'inspiration qui ont leur place chez vous (par exemple, des bougies ou des photos). De cette façon, vous ramenez une touche de vivant à l'intérieur de chez vous et restez connecté au vivant et à l'état naturel des choses.

L'idée est de changer régulièrement les éléments de votre autel pour conserver cette énergie vive.

Clef 10

Une nouvelle hygiène de vie

Une formation de coaching, si elle est bien préparée et dispensée, est généralement l'occasion d'une introspection phénoménale. Dans ma promotion, pas un de nous n'en est sorti indemne. Par « indemne », j'entends que nous avons beaucoup travaillé sur nous, libéré de nombreux blocages et préjugés, exploré des zones d'ombre profondes et insoupçonnées, ri et pleuré ensemble, eu peur et partagé nos failles, nos défauts, nos doutes, nos espoirs. La présence du groupe décuple largement la portée du travail introspectif personnel, des prises de conscience et des messages que nous recevons. Au travers de la problématique d'un autre, nous pouvons être poussés dans nos retranchements ou encouragés à passer à l'action. Passer une semaine, nuit et jour, dans un lieu nouveau avec quinze inconnus est une formidable mise à nu dans laquelle les valeurs telles que le non-jugement, l'empathie, le partage, le courage, la persévérance, mais aussi l'amour inconditionnel, s'imposent naturellement. C'est pourquoi j'encourage régulièrement mes clients et amis à participer à des séances ou stages de développement personnel en groupe.

Vous l'avez compris, ce qui fait l'essence du coaching, mais aussi lui donne sa douce puissance et sa fiabilité, c'est le passage à l'action. C'est l'une des différences notables avec des méthodes psychothérapiques classiques, mais pas la seule. Une psychothérapie permet de déchiffrer en profondeur le vécu d'un patient, de mettre au jour son histoire, là où le coaching est un accompagnement plus « contemporain », inscrit dans un présent qui prépare l'avenir, s'attachant à offrir la possibilité de changer certains comportements, parfois très anciens, et de trouver de nouvelles voies d'accomplissement, d'épanouissement et de succès. Par conséquent, les deux disciplines sont complémentaires. Les actions proposées par le coach ont pour but d'ancrer les prises de conscience dans le corps et dans la matière, et de mettre en place une nouvelle hygiène de vie « intérieure ». Ce qui me semble particulièrement intéressant et unique dans cette méthode, c'est qu'elle encourage à la responsabilisation et l'autonomie.

Lors de mes premiers stages de coaching, nous avons appris à placer des actions à la fin de chaque séance. Certaines actions pouvaient paraître simples ou presque anodines. Mais pour chacun de nous, elles mobilisaient des forces nouvelles, nous demandaient de changer nos habitudes tout en respectant notre rythme, notre intégrité et notre liberté d'action. Ainsi la première action que j'ai mise en place me semble aujourd'hui minime mais à ce moment-là, elle m'a demandé de la patience et de la persévérance pour l'intégrer dans la durée. Et elle a révolutionné mon quotidien.
À l'époque, alors que mon appartement était coloré et joyeux, s'accordant à l'image que je donnais à voir de moi à l'extérieur, ma garde-robe était principalement composée de vêtements noirs ou gris. Idem pour les accessoires et le maquillage. J'aspirais donc à vivre dans la couleur et la lumière, ce qui correspond à mon caractère profond, tout en ne cessant de me protéger et me cacher alors que je traversais une période difficile. J'étais en contradiction, et

à rebours même, de mon essence. La séance de coaching était conduite ce jour-là par celle qui est devenue une coach reconnue pour adolescents et femmes en transition de vie, mais surtout mon amie, Elisabeth Philibert. Babette, pour les intimes, est un soleil. Sa chevelure dorée, son large sourire, sa joie de vivre et son allure d'éternelle jeune femme inspirent instantanément l'amour et la confiance. Il n'y avait pas de hasard pour que l'action que j'allais mettre en place émerge avec une telle personnalité. À la fin de la séance, je choisis de m'engager envers moi-même à faire entrer la couleur dans ma vie. Cela devait devenir un exercice quotidien, effectué avec entrain et plaisir. Dès mon retour à Paris, je m'y essayai. Ce n'était pas aussi facile que je le pensais. J'ai commencé par les sous-vêtements. Verts, bleus ou rouges, ils n'étaient certes pas visibles par les autres, mais ce n'est pas ce qui compte. Plusieurs fois par jour en me déshabillant aux toilettes, mon œil était attiré par cette vibration cachée, émise par la couleur. J'y pris goût. Quelques semaines plus tard, ce furent une touche de vrai rouge sur les lèvres, puis des boucles d'oreilles et colliers colorés et lumineux qui prirent le relais. Les progrès étaient lents mais réguliers. Chaque fois que je voyais mon reflet dans un miroir, j'étais avant tout sensible à cette lumière autour de mon visage. Et cela me donnait le moral, m'apportait une touche de gaieté. Puis j'ai commencé à me forcer à porter des habits de couleur, chaque jour. Dès lors, ma vie a changé. C'est l'équivalent de passer de la télévision en noir et blanc à la couleur : tout prend une autre saveur, une dimension plus éclatante, je me suis prise au jeu et amusée. Ce qui a été déterminant, c'est la contrainte quotidienne de changer mes habitudes, le fait de m'être engagée envers moi-même à bousculer ce que je croyais être confortable. C'est pour cette raison que je préfère suggérer à mes clients des actions accessibles qui s'inscrivent dans la durée, plutôt que d'encourager à un seul saut en parachute, ce qui pourra procurer adrénaline, satisfaction et fierté sur le moment, mais dont l'effet sur la confiance en soi risque d'être des plus éphémères.

Au dernier jour de cette même formation de coaching, je me souviens que mon amie Andrea Manuguerra, aujourd'hui l'une des meilleures hypnothérapeutes de Paris, qui portait elle aussi exclusivement des couleurs sombres, a enfilé un improbable et éclatant pull jaune. Andrea ne savait pas pourquoi elle avait glissé dans sa valise ce vêtement qui lui avait été offert par sa fille, car elle ne l'avait jamais porté. Il se trouve que la veille, elle avait fait un gros travail de nettoyage. La vie s'est alors chargée de lui montrer qu'il y avait de la lumière au bout de tout cela (la couleur jaune est généralement associée au chakra du plexus solaire et à la confiance en soi). Il arrive parfois, et même souvent, qu'une main invisible agisse pour nous. L'histoire du petit pull jaune est devenue une blague récurrente entre nous, celle qui scella notre amitié.
Aujourd'hui, je suis devenue incapable de m'habiller en noir intégral, et le simple fait d'écrire cette phrase fait monter en moi une sensation de crainte et de rejet. Le noir intégral m'engloutit, m'étouffe, anéantit mes sensations, mes pulsions, il me fait presque disparaître.

Par la suite, j'ai aussi modifié complètement la routine de mes débuts de journée. Là où je ne me posais aucune question en me réveillant chaque jour à sept heures, enchaînant monotonement douche, vêtements, maquillage, petit déjeuner, métro, bus, je me suis mise à sonder mon ressenti chaque matin. « *Par quoi ai-je envie de commencer cette journée ?* » Si j'avais faim, je prenais mon petit déjeuner avant ma douche. La composition de celui-ci évoluait alors en fonction de ce que mon organisme me demandait. Pendant le petit déjeuner, je laissais monter en moi l'envie du jour en termes de style et couleurs à porter en fonction de mon humeur et de mes rendez-vous. Petit à petit, je suis allée jusqu'à abandonner les trente-cinq minutes de transport public qui me séparaient de mon bureau, pour marcher quarante-cinq minutes dans Paris. Il me suffisait pour cela de me lever dix minutes plus tôt, et quel bénéfice ! Le nez en l'air, j'admirais l'architecture et les quelques espaces verts que je traversais. J'y ai goûté le cycle des saisons et j'ai sympathisé avec les jardiniers des parcs publics. Progressivement, ces instants volés à mes compagnons de métro sont devenus une nécessité absolue à mon équilibre. C'était pour moi un temps de méditation que je mettais à profit pour nettoyer mes chakras selon la méthode de Doreen Virtue[1], programmer mes intentions du jour, puis passer mes coups de fil et préparer ma journée. J'arrivais au bureau presque affamée (une poignée d'amandes suffisait alors à calmer mon hypoglycémie), mais surtout avec beaucoup plus d'énergie. J'étais plus enjouée et certaine-

1. *La purification des chakras,* Doreen Virtue. Éditions ADA Inc.

ment plus efficace. Et tout cela parce que j'avais décidé quelques semaines plus tôt de porter de la couleur !

> « SEULE UNE PRISE DE CONSCIENCE RÉSULTANT D'UN PROFOND TRAVAIL SUR SOI PEUT MENER À UN CHANGEMENT VÉRITABLE. »

La vie nous offre ici un exemple de ce qu'il est possible de faire pour améliorer notre quotidien et notre bien-être, sans toutefois s'imposer des changements radicaux, violents ou des renoncements. Déplacer un meuble ou lancer une petite action qui nous oblige à sortir **un peu** de notre zone de confort (aussi inconfortable soit-elle), dès lors à changer de perspective, peut avoir des répercussions inédites sur notre bien-être. Mais seule une prise de conscience résultant d'un profond travail sur soi peut mener à un changement sincère et véritable. C'est le cœur de ce que je souhaite vous transmettre dans cet ouvrage. Cette « déprogrammation » intérieure, en douceur et en conscience, peut faire souffler un vent nouveau sur votre vie quotidienne, vos relations, vos perspectives, votre travail, votre couple, pourvu que votre intention soit profonde, sincère et concrète. Quitte à vivre par habitude, créez-en de nouvelles et bien meilleures, qui vous feront vibrer plus haut et plus loin.

Ce que nous avons appris

Pour que le changement soit efficace, il doit être réaliste, pouvoir s'intégrer dans notre vie quotidienne en bousculant notre zone de confort juste comme il le faut, et s'inscrire dans une pratique consistant à muscler cette partie « molle » en nous : il faut alors faire appel à un minimum de discipline et de persévérance pour pratiquer quotidiennement, mais toujours avec une dose de plaisir.

Comment le mettre en pratique

- Changez une (mauvaise) habitude pendant cinq jours. Par exemple, vous pouvez décider de ne plus râler ni exprimer vos pensées négatives avant dix heures du matin. C'est-à-dire qu'entre le moment où vous vous levez et l'heure dite, vous vous obligez chaque jour à ne pas ronchonner pendant quelques heures seulement.

- Le sixième et le septième jour, vous pouvez faire relâche.

- Puis vous recommencez.

Progressivement, l'effort demandé sera moindre et le bénéfice éprouvé grâce au changement prendra le dessus pour s'inscrire naturellement dans votre hygiène de vie, jusqu'à y trouver définitivement sa place, sept jours sur sept. C'est ainsi que mon chocolatier a arrêté de fumer il y a dix ans : à chaque nouvelle envie de cigarette, il buvait un verre d'eau. Il passait sa vie aux toilettes, mais il s'est sevré de sa dépendance en deux mois seulement.

Clef 11

Être aligné : Corps – Cœur – Conscience

Je les appelle « les trois C », mais ils sont plus connus sous l'appellation des « trois plans » : le plan physique, définitivement celui du corps, le plan émotionnel, lié au cœur, et le plan mental et spirituel, que j'appelle celui de la conscience. Ces trois plans sont autant de grilles de lecture qui permettent de décoder notre bon fonctionnement et notre propre alignement. Ils se déclinent ainsi dans nos corps subtils au nombre de sept : physique, éthérique, astral, mental, causal, bouddhique et divin, ou encore dans les sept chakras principaux.

Le plan physique (que j'appelle « le Corps ») englobe *le corps physique* et juste au-dessus de lui, *le corps éthérique*. Ce dernier est le reflet énergétique de notre organisme. Lorsque l'on parle de méridiens en médecine traditionnelle chinoise, c'est de lui dont il s'agit. Ces deux corps correspondent au premier et deuxième chakras en ayurvéda, ceux que l'on appelle « racine » et « sacré ».

Le plan émotionnel (que j'appelle « le Cœur ») se lit dans *le corps astral*. Situé juste au-dessous de la région du cœur, il est le siège de nos émotions. On peut agir sur lui au niveau du troisième chakra, celui du plexus solaire.

Le plan mental (que j'appelle « la Conscience ») commence au niveau du *corps mental*, situé dans le quatrième chakra, celui du cœur. Il est dit qu'il regroupe deux parties de notre conscience : le corps mental inférieur, lié à la raison et à l'intellect (cerveau gauche), et le

corps mental supérieur, celui de l'intuition et de la créativité (cerveau droit).
On y trouve aussi le *corps causal*, qui correspond au cinquième chakra (celui de la gorge). Il est en quelque sorte la mémoire encyclopédique de toutes nos expériences (y compris celles de nos vies antérieures, selon les croyances de chacun). Siège de la conscience supérieure, il sait ce que nous sommes venus expérimenter sur cette terre.
Puis, le *corps bouddhique* au niveau du chakra du troisième œil, qui est aussi appelé le « supra-mental ». C'est lui qui nous relie à nos guides spirituels et permet d'atteindre l'illumination spirituelle.
Et enfin, *le corps divin* (parfois aussi appelé « *atmique* »), lorsqu'il est atteint, nous enseigne que le cycle des réincarnations est terminé pour nous, et que notre âme va pouvoir réintégrer la Conscience universelle. C'est celui du chakra coronal.

Si je vous parle des chakras, plans et corps subtils, c'est pour mieux vous faire prendre conscience de notre besoin d'alignement. Je réalise d'ailleurs en écrivant ces lignes que la construction de cet ouvrage suit peu ou prou naturellement le même cheminement d'élévation : nous partons du plan physique (avec les chapitres « *Non négociable : trier, jeter, ranger* » ou encore « *Ma maison, mon miroir* »), transitons par celui des émotions (« *Créez l'intérieur qui vous ressemble* »), pour atteindre le plan conscient (commencé avec « *Libérez votre nature profonde* » et clos par « *L'Univers comme diapason* »). L'accomplissement de soi, qui se caractérise selon moi par la question du sens de notre existence, a été identifié comme le summum des besoins fondamentaux dans la pyramide de Maslow (*également* appelée « Hiérarchie des besoins »). Cet outil a été abondamment étudié et mis en pratique dans les organisations, tant pour son intérêt humain et managérial que dans le marketing de produit. Dans les années 1940, le psychologue américain Abraham Maslow a ainsi déterminé et hiérarchisé cinq groupes de besoins fondamentaux qui participent de la motivation des êtres humains : les besoins physiologiques, les besoins de sécurité, les besoins d'appartenance, les besoins d'estime et, pour finir, le besoin d'accomplissement de soi. Désormais, je rencontre de nombreuses personnes de plus en plus jeunes qui se plaignent de ne pas avoir trouvé le sens de leur vie. Je constate qu'elles ne savent généralement pas par où commencer pour aller à sa recherche.

Il y a quelques mois, j'ai été frappée par une discussion lors d'une de nos soirées avec mon ami Richard qui m'a avoué : « *Tu sais, Caro, tu es la seule parmi nous à avoir un métier qui a du sens !* » J'ai d'abord ri et pensé qu'il exagérait (il aime particulièrement cela), puis j'ai regardé autour de nous et essayé de comprendre ce qu'il voulait dire exactement. J'ai toujours pensé que chaque métier avait du sens et, que l'on soit secrétaire ou ministre, on peut aimer profondément ce que l'on fait, notamment parce que, quoi que l'on fasse, on est toujours en relation avec l'autre. J'estime que nous sommes là pour nous entraider, que l'on soit réparateur de chaudière ou professeur, et que là commence le sens. C'est nous qui donnons ce sens à ce que nous faisons. Mais les mots de Richard résument finalement assez bien ce que de nombreuses personnes vivent et ressentent. Lorsqu'on a vingt ans, on choisit parfois une voie professionnelle par opportunité, sans se poser trop de questions, notamment lorsqu'on n'a pas de vocation ou de passion particulière. On ne se connaît pas encore suffisamment, aussi faut-il expérimenter. Autour de trente ans, il se peut qu'on se stabilise et que l'on persévère dans la même voie sans véritablement la choisir en conscience. C'est aussi l'âge autour duquel se consolide la vie privée et intime, la période des unions et des premiers enfants, et la priorité est ailleurs. Arrive la quarantaine et avec elle, très souvent, l'heure d'un premier bilan. Les remises en question, les doutes, les expériences, les échecs ont laissé des traces et il se peut même que le corps commence à somatiser. Lorsqu'on en arrive à se poser la question « À quoi bon ? », c'est que l'on est en pleine crise de sens. Et c'est une super nouvelle ! Cela veut dire que l'on a grandi, que notre maturité (c'est-à-dire la somme de nos expériences) est à point pour entamer une forme de progression, une mue, indispensable à notre santé et notre longévité.

Je considère en effet que mon métier que j'aime tant a du sens, et que ce dernier est avant tout d'être le plus possible en harmonie avec moi-même pour pouvoir vous aider. Ainsi, ne croyez pas que nous soyons, les professionnels du développement personnel, de purs altruistes. Notre métier nourrit toutes nos dimensions. Par exemple, vous accompagner me permet d'apprendre chaque jour, de progresser et de monter en conscience dans les différents corps subtils que vous connaissez maintenant. Je vis dans la gratitude, puisque votre épanouissement est une reconnaissance de la qualité de mon travail et, en cela, une autre forme de rémunération. J'aime aussi vous redonner de l'énergie parce que je me sers au passage ; j'aime vous aider à trouver votre voie, parce que cela me rapproche de la mienne ; j'aime que vous preniez toute votre place dans la vie, car cela me permet également de trouver la mienne. Vous le voyez, nous échangeons sans cesse sans même nous en apercevoir, nous sommes en interdépendance mutuelle constante, ce qui doit nous encourager à sélectionner avec le plus grand soin nos interlocuteurs et nos amis.

Apprendre est l'un des buts de notre existence, et le chemin que j'ai personnellement choisi de suivre pour y arriver, est la recherche de l'harmonie intérieure. Lorsque je vous parle d'alignement de nos différents plans – le Corps, le Cœur et la Conscience –, c'est exactement ce dont il s'agit. Cet équilibre, vous pouvez le retrouver dans la maison lorsque tout et chacun a trouvé sa place, lorsque vous sentez que votre projet de vie à deux ou en famille est abouti. Si vous êtes déjà chez vous depuis quelque temps et que vous avez des envies de changement, il peut être bon de réfléchir de façon globale à ce que vous souhaitez vivre – c'est-à-dire émettre et recevoir dans ce lieu –, puis de commencer à faire les changements en conséquence pièce par pièce. Repensez

chaque pièce de fond en comble si vous le souhaitez, osez revoir la disposition des meubles, la couleur des murs, le revêtement du sol, jusqu'à la fonction-même de la pièce. Si vous emménagez dans un nouveau lieu de vie, pensez votre projet de A à Z avec l'équilibre comme fil conducteur, que ce soit dans les proportions, les formes, la lumière, les styles, les perspectives, les matières, les couleurs, les symboles, la fluidité, projetez l'harmonie dans votre maison : imaginez que vous êtes le qi et que vous devez avoir accès à chaque recoin et vous sentir bien, en sécurité, heureux. Mettez à profit les changements de décor pour changer intérieurement vous aussi, vous améliorer, devenir une meilleure personne à vos yeux, celle que vous aimez avec pureté et gratitude. Et pensez à mettre de la lumière pour incarner tout cela.

Ce que nous avons appris

Les sagesses orientales s'intéressent particulièrement à l'alignement de nos trois plans que sont le physique, l'émotionnel et le mental. Apprendre à vivre dans toutes ces dimensions de notre être permet d'apporter ouverture de conscience, clarté mentale, vitalité physique, ainsi qu'une bonne hygiène relationnelle.

Comment le mettre en pratique

Lorsque vous vivez un choc – que ce soit une annonce, un accident, une rupture, un départ, un décès –, votre organisme réagit et vos corps subtils encaissent la vibration.

➧ Afin de ne pas refouler ce qui est en train de se passer, reconnaissez que votre corps vous parle et prenez le temps de vivre votre émotion, qu'elle soit tristesse, angoisse ou colère. Le choc peut durer une minute, et ses répercussions une heure, une semaine, un mois.

➧ Une fois que vous avez suffisamment accueilli cette émotion dans votre corps et votre cœur et que vous vous sentez prêt à la transformer, revenez aux faits et rien qu'aux faits.

➧ Prenez de la hauteur et posez-vous les deux questions suivantes :

- « *Qu'ai-je à apprendre de cette situation/épreuve ?* »
- « *Que dois-je modifier pour ne plus avoir à vivre cela* ? »

➧ Tirez-en les enseignements et modifiez votre comportement et vos pensées en conséquence.

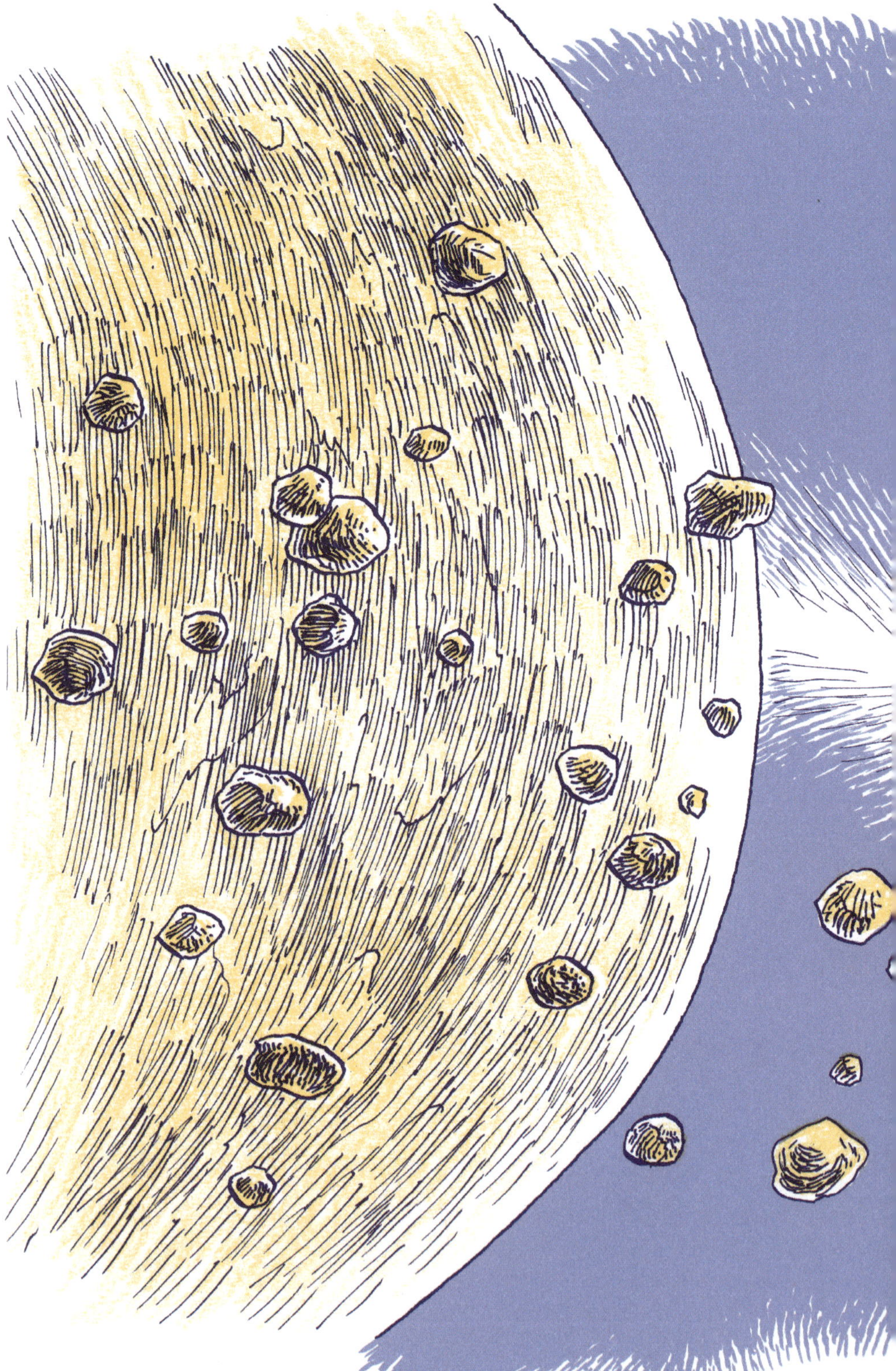

Clef 12

L'Univers comme diapason

Ce qui suit pourra surprendre, amuser, voire troubler, certains et certaines d'entre vous, car je m'appuie sur des croyances spirituelles, non religieuses, mais personnelles et empiriques, pour évoquer des méthodes d'évolution de notre niveau de conscience et d'éveil. Bien entendu, dans ces propos, comme dans l'ensemble de cet ouvrage, vous êtes invités à retenir uniquement ce qui parle à votre for intérieur, ce qui respecte vos propres croyances et vous paraît être non pas vrai, mais juste pour vous.

Peut-être avez-vous entendu parler de « la loi de l'attraction » dans certains ouvrages de développement personnel. Vous trouverez dans cette littérature diverses méthodes pour l'appréhender. On vous dira parfois que, si vous voulez devenir riche ou célèbre, tout est possible si vous mettez en pratique la loi de l'attraction. Comme souvent, les textes et sagesses qui sont à l'origine de ces connaissances ancestrales ont été traduits, interprétés, simplifiés, parfois même caricaturés, ce qui peut en altérer la portée, notamment si vous appliquez ces méthodes à la lettre sans prendre le recul et le temps nécessaires pour adapter les informations à votre logiciel interne et contemporain.

Je n'aime pas tellement ce terme de « loi », même s'il faut bien sûr l'entendre ici comme une « loi universelle » à laquelle nous répondons instinctivement, sans même en avoir conscience. Aussi, plutôt que d'évoquer la « loi de l'attraction », je préfère vous parler du pouvoir des « intentions » : cette formulation me paraît relativement neutre et tout autant, voire plus, adaptée, car elle émane de nous-mêmes et relie les différents plans ensemble (Corps, Cœur, Esprit), là où « l'attraction » apparaît comme une expression plutôt associée au mental. Je considère les intentions comme des vibrations émises par chacune de nos cellules, prenant leur source au plus profond de notre être, c'est-à-dire dans les couches successives de nos corps physique, énergétique, subtil. Elles sont formatées par notre vécu, nos émotions, nos rencontres, nos désirs, notre évolution, et entrent en résonance avec notre environnement. Ici encore, la différence entre les personnes qui vivent en lien avec leurs intentions et celles qui subissent leur vie, correspond au niveau d'éveil et de conscience. Vivre en accord avec ses intentions, c'est être conscient de ses origines, de ses besoins profonds, de ses capacités, de ses limites aussi, enfin, c'est se savoir en interaction avec plus grand que soi : certains l'appellent « Dieu », pour moi ce sera « l'Univers ». Il s'agit d'émettre une vibration qui sera la plus proche possible de ce qu'il y a de plus juste dans l'Univers. En résumé, c'est être centré, aligné tant sur soi que sur ce qui nous entoure. Et c'est extrêmement utile ! Une intention, pour qu'elle soit entendue par l'Univers, doit être profondément sincère, authentique, mais aussi réaliste. Si vous demandez à l'Univers d'être riche et que vous attendez en croisant les bras que le miracle opère, cela ne s'appelle pas une intention mais du *wishful thinking* comme disent les Anglais, c'est-à-dire un vœu pieux. Une intention réaliste correspond à votre stade d'évolution : elle peut être ambitieuse, mais elle doit rester proportionnée à vos possibilités, votre rythme d'apprentissage et votre capacité d'intégration. Elle peut être émise à plus ou moins long terme. Par exemple, l'intention de vivre dans la paix intérieure est un travail de longue haleine, dont le rythme dépend de chacun. Dans ce cas, c'est tout autant le chemin de l'apprentissage qui compte que la fin en soi. Vous pouvez également émettre des intentions plus proches de vous dans le temps et concrètes, en lien avec l'état d'avancement de vos projets. Si, par exemple, vous êtes en train d'écrire une pièce de théâtre et que votre ambition est de la faire jouer l'an prochain, vous pouvez programmer vos intentions afin de demander un coup de pouce à l'Univers ; ainsi votre vœu pourrait être le suivant : « *Je demande à l'Univers de m'aider à être prêt à faire jouer ma pièce en septembre l'année prochaine.* » Vous comprendrez que cette formulation est plus subtile, complète et propice à responsabiliser son auteur qu'un simple : « *Je veux que ma pièce soit jouée l'année prochaine.* » Cela fait, pensez à remercier soigneusement l'Univers et les guides qui vous accompagnent au quotidien. Vous pourrez émettre votre intention aussi souvent que nécessaire, sans que cela ne devienne pour autant une superstition et encore moins une addiction. L'émission d'une intention doit être dénuée de toute peur, de tout sentiment négatif, de toute retenue. Sa vibration ne pourra être perçue et sa réalisation possible que si elle s'inscrit dans le flux de la vie et qu'elle est juste, c'est-à-dire qu'elle est effectivement intégrée dans chacune de vos cellules et des cellules qui composent l'Univers.

Chaque mois, ce que l'on appelle « la nouvelle lune » est le moment idéal pour poser vos intentions. Les astrologues sont très attentifs aux forces en présence au moment des lunaisons et s'appuient sur elles pour déployer de nouveaux projets. Tout comme dans les phases de pleine lune, des rituels peuvent être mis en place afin d'être relié à la grande magie du Cosmos.

J'ai évoqué un peu plus haut les guides qui nous accompagnent au quotidien. Sur le plan spirituel, je considère que nous avons la chance de vivre entourés d'êtres de lumière dont le « travail » est de nous montrer la voie et de nous protéger. À tout moment, je fais appel à eux pour obtenir du soutien ou un éclairage sur une problématique précise. Parmi mes rituels, je ne commence jamais un rendez-vous important – que ce soit avec un nouveau client, avant un atelier ou pour un enjeu personnel – sans avoir défini préalablement mes intentions et demandé la présence et le soutien de mes guides. Pour cela, je m'efforce d'être capable de répondre aux questions suivantes : « *Qu'est-ce que je souhaite vivre au travers de cette rencontre ? Qu'est-ce que j'apporte à la relation, et que viens-je y chercher ?* » Alors je ferme les yeux et visualise mes guides autour de moi, dans mon dos précisément, dans une attitude de paix et de volontarisme. Ils agissent comme un bouclier invisible et bienveillant, telle une armée courageuse de bonté et de générosité. Nous dirions en Feng Shui qu'ils sont ma « Tortue ». Je vous livre ici la technique de Natacha Calestrémé – journaliste, réalisatrice et auteure de romans psychologiques que je qualifie d'initiatiques[1] – pour connaître le nom de votre guide personnel. Au cours des documentaires intitulés « *Enquêtes extraordinaires* » qu'elle a réalisés, elle a rencontré de nombreux médiums et guérisseurs qui ont partagé avec elle leurs techniques et rituels. Il est clair pour elle que « les guides ne s'usent que si l'on ne s'en sert pas ». Autrement dit, tant qu'on ne les sollicite pas, ils n'interviennent pas pour nous aider. Dans l'absolu, il n'est pas important de connaître leur nom, il suffit d'évoquer « mon guide » ou « mes guides » ou encore « l'Univers », et de s'adresser à eux comme à son meilleur ami, sans oublier de le remercier à la fin de la requête. Si vous souhaitez toutefois connaître le prénom de votre guide, voici ce que recommande Natacha Calestrémé.

- Placez-vous devant une bibliothèque (chez vous, chez un ami ou dans une médiathèque). Fermez les yeux, puis dites à voix haute : « *Merci de me mettre en contact avec le prénom de mon guide.* » Tendez la main (en gardant les yeux fermés) et prenez un livre au hasard.
- Toujours les yeux fermés, ouvrez le livre et posez les deux pouces sur les deux pages ouvertes. Ouvrez les yeux et regardez sous le pouce de gauche, puis sous le pouce de droite. Le prénom qui apparaît est celui de votre guide.
- S'il n'y a pas de prénom sous les pouces, lisez du haut de la page de gauche jusqu'en bas de la page de droite, et le premier prénom sur lequel vous tombez est celui de votre guide.

1. *Les Blessures du silence*, Natacha Calestrémé. Éditions Albin Michel.

S'il n'y en a pas sur les deux pages, le sens de ce qui est écrit devrait vous donner une idée de la personne dont il s'agit. S'il est par exemple question d'un grand-père ou d'une tante, c'est de l'un de vos grands-pères ou de l'une de vos tantes dont il s'agit.

Il est important de savoir que ce prénom peut faire sens (par exemple avoir un lien avec une personne décédée dans la famille), mais qu'il peut également s'agir d'une personne d'un autre pays, d'une autre époque et dont on ne sait rien, mais qui prend soin de nous.

Vous avez trouvé ? Voilà le nom de celui qui veille sur vous nuit et jour, votre plus fidèle soutien, votre indéfectible ami, à condition bien sûr, de le solliciter. Peut-être ce prénom vous évoque-t-il quelque chose, quelqu'un, ou au contraire ne signifie-t-il rien de particulier pour vous, peu importe. Beaucoup d'entre nous ont déjà eu la sensation de ne pas être seuls, qu'une main invisible et bienveillante agit en leur faveur dans certaines situations bien particulières. Plus vous ferez appel à lui, plus vous arriverez à communiquer ensemble et plus vos demandes seront entendues. Afin de bénéficier de cette expérience, vous êtes invités à la vivre dans la gratitude plutôt que le doute ou le ressentiment. L'Univers et les guides se nourrissent de nos pensées positives comme de nos pensées négatives. Alors n'oubliez pas le mantra de Gandhi : « *Soyez le changement que vous souhaitez voir dans le monde.* »

« LA PRATIQUE QUOTIDIENNE DE LA « MÉDITATION-ÉCLAIR » EST UN VÉRITABLE ATOUT POUR GÉRER VOTRE STRESS ET CANALISER VOS RÉACTIONS. »

Lorsque le mental domine tous nos plans, il est très complexe de trouver la voie vers notre lumière intérieure, celle qui fait notre singularité, notre personnalité, et donne accès à notre créativité. La méditation est probablement le premier outil que nous recommandons aux personnes qui ont besoin de renouer le contact avec leur ressenti et leur intuition. Tout d'abord, il s'agit d'être pleinement conscient des sensations de votre corps, savoir les écouter et les reconnaître. Pour cela, vous devez apprendre à les accepter sans les juger. Puis vous êtes encouragé à ouvrir votre cœur à l'inconnu et à laisser la pleine conscience pénétrer votre esprit, afin de tendre vers l'ascension spirituelle de guérison. Plus vous connaissez de difficultés dans la matière, plus le chemin vers le plan spirituel va vous aider à les résoudre. Pour commencer à méditer, nulle obligation de pratiquer une heure par jour en position du lotus la tête en bas au moment où le soleil se lève ! Si vous le souhaitez, vous pouvez être accompagné et vous inscrire, par exemple, au programme MBSR[2] de votre ville, mais vous pouvez aussi commencer par des méditations guidées en téléchargeant une application sur votre Smartphone et y consacrer ne serait-ce que dix minutes par jour, écouteurs sur les oreilles, à la pause déjeuner ou même confortablement installé dans le bus. Personnellement, je ne manque jamais une occasion de méditer ou de nettoyer virtuellement mes chakras lorsque je suis dans les transports en commun (et comme tout le monde, j'aime aussi faire un

2. MBSR = *Mindfulness-based Stress Reduction*, dite « Méditation de pleine conscience » en français, est un programme créé par Jon Kabat-Zinn.

petit tour sur les réseaux sociaux). Plus vous pratiquerez, plus il vous sera aisé et rapide de vous connecter au plan spirituel et d'en ressentir les bénéfices immédiats, même dans les lieux les plus insolites et bruyants. Quoi de plus sain que d'arriver au bureau avec un esprit vif et clair, en ayant développé vos qualités d'accueil et d'écoute ? Quel soulagement de rentrer à la maison le soir après avoir fait le vide de votre journée de travail, et de pouvoir profiter de votre vie familiale sans être (trop) pollué par vos préoccupations professionnelles ! Même si vous ne pouvez faire une totale abstraction de vos soucis, la pratique quotidienne de la « méditation-éclair » est un véritable atout pour gérer votre stress et canaliser vos réactions. Les bienfaits de la pratique méditative sont holistiques, puisqu'ils se font ressentir sur les plans physique (le corps lâche, le cerveau fonctionne mieux), émotionnel (la gestion des émotions est améliorée) et spirituel (le lien avec la conscience est plus présent et puissant). Que vous choisissiez la méditation transcendantale, active ou de pleine conscience importe peu. Optez pour celle qui vous convient, et j'irais même plus loin : arrivera un moment où vous lâcherez du lest et aurez envie d'inventer votre propre méthode, la testerez, la validerez, l'invaliderez, puis trouverez enfin celle qui vous ressemble. Amusez-vous et soyez conscient des effets et changements que cette pratique engendre en vous et autour de vous.

J'ai parfois du mal à méditer chez moi. Pour ma part, rien ne vaut une immersion dans la nature, que ce soit dans un parc à Paris, un jardin ou, encore mieux, sur la plage où les éléments sont si favorables lorsque j'ai la chance d'être au bord de la mer. J'ai mis longtemps à le comprendre, et je m'en voulais de ne pas réussir à me concentrer dans mon salon ou dans ma chambre. Vous devez vous aussi créer les conditions de la réussite de votre temps de méditation. Cette connexion bénéficie à tous vos besoins, de la base (physiologiques, sécurité) jusqu'à l'accomplissement, en passant par l'appartenance et l'estime puisque votre relation à vous-même et aux autres en sort améliorée. Il y aura des moments de doute, peut-être même d'ingratitude, mais persévérez, tenez bon, car si l'exercice est confortable, alors il ne sert à rien. Vous devez accepter de sortir de votre zone de confort pour améliorer votre quotidien et dessiner peu à peu la vie dont vous rêvez. Vous devez donner envie à votre esprit de rester dans votre corps, et à votre corps d'incarner les traits de votre esprit. C'est ce qui s'appelle vivre au diapason.

Ce que nous avons appris

Nous pouvons utiliser l'énergie pour véhiculer des intentions dans le monde subtil. Nous recevons ce que nous émettons, et vivons donc dans le type d'énergie que nous développons et communiquons. À nous de choisir si nous voulons vivre dans la peur ou dans la joie.

Comment le mettre en pratique

Chaque jour, vous avez le pouvoir de choisir ce que vous voulez vivre.

➧ En partant de la maison le matin, avant un rendez-vous important, un entretien ou une réunion de famille, prenez un instant, quelques minutes pour sonder votre for intérieur : concentrez-vous et demandez au plus profond de votre cœur ce dont vous avez besoin.

➧ Sachez quelles valeurs et qualités vous entraînez avec vous : si, aujourd'hui, vous avez besoin de vivre dans la fluidité et l'inspiration, alors vous devez arriver dans cette journée ou cette réunion dans un état d'esprit de fluidité et d'inspiration. Plus vous l'incarnerez et demanderez à l'Univers de vous l'envoyer, plus vous le recevrez en retour.

Demain, peut-être aurez-vous besoin d'encouragement et de tonus. Soyez dans cette intention, et demandez à l'Univers de recevoir ces atouts.

Clef 13

Votre bureau aussi mérite le meilleur

Depuis plusieurs années dans ma pratique d'experte en Feng Shui traditionnel, je me suis intéressée à la problématique du bien-être au travail. Ma double casquette conjuguant Feng Shui et coaching m'encourage avant tout à aborder ce chantier dans sa dimension humaine. Je travaille régulièrement avec l'une des plus grandes banques françaises qui se préoccupe de la bonne santé de ses collaborateurs et a compris que bien-être et efficacité étaient deux faces de la même pièce, et que cela passait notamment par le cadre de travail. Dans les diverses entreprises que j'accompagne, je collabore avec les managers, les équipes dédiées à l'aménagement des espaces et les membres des services généraux. Je suis généralement amenée à exercer en binôme avec un (ou une) architecte ou décorateur d'intérieur, pour mon plus grand bonheur, car c'est en faisant équipe que nous donnons le meilleur de notre art. Soumis à de nombreuses contraintes techniques, cela nous demande d'être créatifs, innovants mais aussi pédagogues.

Avant de commencer à prendre les relevés et travailler sur les plans, je souhaite rencontrer les managers afin de comprendre leur motivation envers le Feng Shui et leur objectif dans cette démarche, mais aussi leur état d'esprit et leurs attentes. Je constate qu'ils ont souvent pris du temps pour réfléchir à leur problématique en amont, c'est-à-dire qu'ils ont construit un projet managérial qu'ils souhaitent mettre en place, et pris conscience de l'importance de l'aménagement de l'espace de travail pour que cette vision soit transcrite dans la réalité. À ce titre, ils ont besoin que l'épanouissement de leurs collaborateurs et le lien entre les différentes équipes et générations (afin qu'elles aient envie de vivre et travailler ensemble) se traduisent dans l'esprit et l'organisation du lieu de travail. Ils nous demandent finalement de reporter leur vision globale stratégique dans l'espace et, avec eux, nous devons imaginer des solutions qui se veulent de plus en plus flexibles. Comme j'ai travaillé en entreprise pendant plus de dix ans, je suis rompue à certaines pratiques et consciente des enjeux, ce qui me donne une bonne capacité à comprendre mes interlocuteurs. J'aime aussi entrer dans l'univers de chaque organisation et découvrir les pratiques, voire les coutumes, qui sont les leurs. Cela me permet de garder le lien avec le monde de l'entreprise que j'aime beaucoup, et de rester à jour des nouveaux modes de travail qui évoluent particulièrement vite ces dernières années.

Parmi les chantiers qui m'ont marquée, j'ai un souvenir ému et amical du tout premier contrat réalisé pour cette grande banque. Par l'intermédiaire d'une amie, j'avais eu la chance de rencontrer la personne qui, dans l'entreprise, est en charge de l'aménagement des bureaux des collaborateurs pour toute l'Île-de-France. De formation d'architecte mais surtout d'esprit ouvert et curieux, j'ai passé avec elle une heure et demie à échanger sur nos passions communes que sont, entre autres, l'être humain, ses modes de vie et son habitat. À la fin de l'entretien, elle ne m'a pas caché qu'il serait intéressant mais probablement difficile de faire entrer le Feng Shui dans son entreprise. Cependant, si l'occasion se présentait, elle ne manquerait pas de penser à moi.

Moins de deux mois après, je reçus un appel de Céline, enthousiaste, qui me dit : « *Caroline, on a un projet pour vous !* » Elle avait réussi à convaincre le directeur des ressources humaines du groupe de tester le Feng Shui sur un projet particulier. Il s'agissait de refaire à neuf une salle de réunion de taille moyenne mais d'importance, puisqu'elle était rattachée à l'équipe dirigeante de ce service. S'y déroulaient notamment les réunions avec les partenaires sociaux et autres comités, dont on imagine qu'elles peuvent parfois être tendues.

J'ai été présentée à un jeune architecte avec qui il était convenu que je collabore. J'ai eu beaucoup de chance de rencontrer Stéphane avec qui j'ai tissé des liens amicaux au fur et à mesure des différents contrats que nous avons exécutés ensemble par la suite (qui plus est, il partage avec moi le goût du Pays basque). Pour cette salle de réunion, le constat était simple : elle était aveugle (c'est-à-dire qu'elle ne comportait aucune ouverture sur l'extérieur) et affreusement triste. Pour toute décoration, un tableau représentant une montagne grise et pointue était accroché sur un mur blanc. Il aurait été relativement facile de lui redonner un aspect pimpant rien qu'en changeant le mobilier et en repeignant les murs. Mais nous sommes allés beaucoup plus loin que cela.

Généralement, mes premières recommandations vont vers la circulation de l'énergie et la lumière. Ici, c'était la priorité absolue. Il fallait faire en sorte que l'énergie, et la bonne, entre largement malgré l'absence d'ouvertures vers l'extérieur. J'ai proposé que nous condamnions l'une des deux portes d'entrée de la salle pour ne garder que celle dont l'orientation et l'emplacement étaient les plus favorables, et que nous remplacions les cloisons actuelles par des cloisons vitrées sur le passage de circulation. Puis nous avons travaillé la lumière : Stéphane – qui aime particulièrement se creuser la tête pour trouver des solutions innovantes – a imaginé dans des lignes courbes, le faux plafond intégrant leds, luminaires et appareil de projection, donnant ainsi une luminosité imitant au maximum la lumière du jour. Par ailleurs, j'avais besoin de faire entrer dans cette pièce l'énergie du bois, qui apporterait le qi de vitalité aux visiteurs. Il était difficile de faire admettre au client la présence de vraies plantes à cet endroit. C'est pourquoi nous avons choisi de faire imprimer une très grande photo de sous-bois prise dans la lumière magique du petit matin et de la tendre sur une toile rétro-éclairée sur la dimension totale du mur du fond. De cette manière, le visiteur était plongé dès son arrivée dans la lumière de la forêt par un doux matin de printemps. Il fallait que l'équilibre Yin-Yang soit juste. Je dois reconnaître que l'effet visuel était très réussi, notamment grâce aux matériaux de qualité. Mais aussi que nous avons été culottés dans nos choix (les banques ne sont-elles pas plutôt connues pour être des institutions traditionnelles ?) et que la direction a été audacieuse de les accepter. Pour les uns comme pour les autres, cela a représenté un tournant dans notre façon de voir et concevoir le vivre et travailler ensembler en entreprise. De manière inattendue, le Feng Shui a peut-être permis au groupe de « se lâcher » puisque nous avons, à la suite de cette expérience, pérennisé notre relation à travers de nombreux autres projets aussi divers les uns que les autres. Aujourd'hui encore, je travaille avec eux dès que l'occasion Feng Shui se présente.

« IL FAUT IMAGINER DES LIEUX OÙ LES GENS PEUVENT TOUT À LA FOIS PARTAGER, CRÉER, SE CONCENTRER ET PARFOIS S'ISOLER POUR RESPIRER. »

Pour le reste de l'aménagement de cette pièce, nous avons sélectionné du mobilier clair aux formes arrondies, laissé le centre le plus ouvert possible, choisi un revêtement de sol propre à guider et canaliser le qi dans son mouvement, et intégré des outils d'innovation technologique (cloisons opacifiantes pour la confidentialité, tableau blanc vitré électronique...) placés opportunément en fonction des zones d'énergie à activer.

Dès la fin du chantier, la salle de réunion a été prise d'assaut sur le logiciel des réservations. Quelques semaines plus tard, lors de son inauguration officielle, j'ai été heureuse de recueillir les impressions de la Direction et des collaborateurs qui semblaient sincèrement satisfaits de leur nouvel outil de travail. La salle de réunion « 301 » était devenue la « salle Feng Shui » et elle est désormais perçue comme un véritable outil de travail collaboratif à vibrations positives. Quelques mois après, j'ai su que l'un des objectifs principaux était atteint puisque les réunions avec les comités s'y déroulaient de façon plutôt constructive. Pour l'anecdote, lorsque je suis revenue sur place un peu plus tard, une pancarte avait été accrochée sur la porte précisant « *Cette salle n'est pas une aire de pique-nique* ». À en croire mes clients, l'information avait circulé dans les étages, et les collaborateurs des autres équipes venaient jouer les curieux et déjeuner « dans la forêt » !

Dans ce dossier, j'ai aimé bousculer les codes et surprendre nos interlocuteurs, les aider à faire émerger ce qu'il y avait de potentiellement positif entre eux et les accompagner en douceur vers une nouvelle façon d'envisager leurs modes de relations. Comme chez les particuliers, il fallait trouver l'harmonie intérieure parce que l'entreprise est avant tout un projet humain. Par méconnaissance, on sous-estime l'importance de l'aménagement de l'espace dans les organisations de travail. Il faut imaginer des lieux où les gens peuvent tout à la fois partager, créer, se concentrer et parfois s'isoler pour respirer. Le défi est de taille, notamment à Paris où chaque mètre carré vaut de l'or. La pratique des *open spaces* et *flex offices* ne peut pas plaire à tous, mais elle devient quasiment incontournable car les modes de vie et de travail ont changé. Pour trouver la bonne solution, on doit chercher, tester, se tromper, réinventer, jusqu'à trouver le dénominateur commun qui permettra à la fois à l'entreprise et à ses collaborateurs de réussir et s'épanouir.

Une autre catégorie de travailleurs m'intéresse, et j'ai à cœur de les accompagner, car leurs problématiques sont particulières : il s'agit des créateurs d'entreprise, *startuppers* et autres travailleurs indépendants. Ceux-là ne sont souvent portés que par leur propre énergie, tout du moins au moment du lancement de leur projet, et il est donc primordial de les placer dès que possible dans le bon flux énergétique spatial et temporel. Pour ce qui est de l'espace, ils peuvent choisir de partager un bureau, d'élire domicile dans un *coworking*, mais le plus souvent, ils commencent en lançant leur business depuis chez eux. Je ne sais pas si le garage dans lequel Steve Jobs a inventé les premiers Apple avait un bon Feng Shui, mais le génial créateur de la marque a forcément été porté par des énergies favorables de prospérité.

Alors si vous souhaitez mettre toutes les chances de votre côté et du côté de votre projet, il y a des considérations pratiques de bon sens à prendre en compte, bien avant même de faire appel à un expert en Feng Shui. Les premières règles que je rappelle, car je suis très souvent amenée à les transmettre, sont de se placer dans la lumière, face aux ouvertures (porte, fenêtre) et dos à un mur. Bénéficier de la lumière va vous permettre de recevoir le qi qui nourrira votre créativité, mais aussi qui « mettra en lumière » votre travail. Faire face aux ouvertures est une attitude ancestrale qui permet de se préparer à toute éventualité d'intrusion potentielle (dans votre grotte !). Se placer dos au mur apporte du soutien et une vision, alors que l'inverse vous place « face au mur » : et là, vive l'ennui, adieu la créativité, les projets à long terme et les perspectives excitantes ! À une exception près : lorsque nous fonctionnons en « mode projet », celui qui nous demande d'être extrêmement concentrés sur un objectif, et que le mur sert alors de tableau créatif ou d'inspiration. Parmi les autres recommandations, j'attire votre attention sur les proportions : lorsque je me suis mise à mon compte, je me suis acheté un bureau qui tenait plus de la console que du bureau de PDG. Il m'a fallu plusieurs mois pour comprendre qu'à « petit bureau, petit travail ». Aussi, choisissez des éléments en proportion avec la place que vous souhaitez donner à votre projet professionnel. Enfin, entourez-vous de quelques objets utiles et/ou inspirants qui vous permettent de vous focaliser sur votre tâche sans disperser votre esprit. Personnellement, j'aime être accompagnée par un brin de nature, que ce soit une branche, une micro-plante ou un bouquet de fleurs. À vous de prendre conscience de ce qui vous motive et stimule votre concentration et votre efficacité.

Ce que nous avons appris

Oui, il est possible de conjuguer bien-être, épanouissement et efficacité au travail.

Non, le bureau dans lequel vous passez huit heures par jour n'est pas voué à être un espace froid, dénué d'humanité et de beauté. L'inspiration se trouve partout, y compris et surtout dans les organisations humaines. Le Feng Shui est un outil d'entente pour faire converger les besoins des collaborateurs et de l'entreprise.

Comment le mettre en pratique

Que vous travailliez chez vous ou dans un bureau, il y a toujours de nouvelles idées à tester.

➡ La première étape est de réaliser un rapide audit de votre lieu de travail en vous posant ces deux questions :
- Comment vous y sentez-vous ?
- Quelles sont les difficultés que vous y rencontrez (relations, concentration, ennui, manque d'inspiration...) ?

➡ Une fois les difficultés identifiées, choisissez la plus importante.
Que pourriez-vous modifier dans votre environnement qui puisse avoir un impact sur cette difficulté ? Par exemple :
• Si votre bureau est face à un mur (ennui), changez son orientation.
• Si vous manquez de lumière (créativité, inspiration), ajoutez une jolie lampe.
• Si vous vous dispersez (concentration), rangez votre espace et rendez-le plus neutre.
• Si vous ne vous entendez pas avec votre collègue de bureau (relations), bougez les meubles et ne vous installez pas face à face.

Stories

Par le biais de la lecture des histoires suivantes qui sont le récit de certaines de mes consultations, je souhaite transmettre des clefs de compréhension et des points d'appui concrets. J'espère qu'ils vous conduiront à des prises de conscience personnelles et à regarder d'un œil nouveau... votre intérieur.

Camille a retrouvé l'amour

Camille a quarante-deux ans. Elle vit au sud de Paris dans un appartement moderne et lumineux donnant sur un joli parc. Mais voilà, elle y vit seule depuis plusieurs années. Lorsqu'elle m'a contactée, elle n'était pas certaine de savoir ce dont elle avait besoin : des séances de coaching ? Elle avait déjà accompli un travail psychothérapique pendant près de quatre ans et semblait en être satisfaite. Du Feng Shui ? Pourquoi pas, elle en avait entendu parler sans jamais véritablement creuser la question. Plutôt attirée par les sagesses orientales, Camille avait un a priori positif envers cet art ancestral sans réellement en connaître les tenants et les aboutissants. Va pour le Feng Shui !

Pour commencer une étude Feng Shui, j'ai besoin de l'adresse, du plan de l'appartement ou de la propriété, de sa date de construction, de la date d'emménagement, de son orientation et des coordonnées de naissance des occupants. Mais j'ai surtout besoin d'écouter mes clients. On ne vient pas au Feng Shui par hasard ou le nez en l'air. Et on ne choisit pas une experte en Feng Shui qui est aussi coach de vie sans raison. C'est ainsi que mes deux pratiques se sont assez rapidement rejointes.

Je rencontre Camille chez elle par une belle après-midi d'hiver. Autour d'un thé, je la questionne en douceur sur ses motivations. Alors qu'elle vivait en couple il y a plusieurs années, elle a eu un accident qui a handicapé son épaule pendant de longs mois. Elle a dû faire face à quelques interventions et de nombreuses séances de rééducation. Alors qu'elle prenait soin de son corps, elle n'a pas vu que c'était son couple qui prenait l'eau progressivement, que l'amour du début avait fait place à une certaine forme de routine, puis de lassitude, en particulier du côté de son compagnon. Au moment où Camille se concentrait sur ses problèmes de santé et avait légitimement besoin d'accompagnement, elle a ressenti le départ de son compagnon comme une trahison, un abandon. C'était la double peine : physique et affective.
Les mois qui ont suivi ont été vécus par Camille comme un calvaire : rupture, déménagement, instabilité professionnelle, difficultés relationnelles avec les hommes, sans compter ses problèmes de santé qui demandaient encore du temps et de nombreux soins. Alors elle s'est protégée. Pour ne plus souffrir, elle a inconsciemment décidé de fermer son cœur et de se replier sur elle-même. En verrouillant ses sentiments, elle a lancé la machine infernale qui conduit à ne plus se laisser toucher ni physiquement ni émotionnellement.

« Que faut-il pour que nous écoutions nos besoins les plus profonds ? »

Bien sûr, nous avons tous vécu des désillusions amoureuses plus ou moins grandes. Et nous avons tous été tentés de verrouiller notre cœur et de ne plus accorder notre confiance. Il est normal et légitime de vouloir se protéger de ce qui nous fait le plus souffrir, mais en s'enfermant dans sa coquille, on ne se rend pas service. Il est important de vivre sa tristesse, sa colère, son désarroi pendant un certain temps, que celui-ci dure un mois ou six selon la capacité de chacun à faire le tri, puis le deuil et se relever. Mais ces émotions laissent une empreinte suffisante pour qu'on ne les laisse pas diriger notre vie. Elles peuvent être de passage en nous, mais elles ne doivent pas y élire domicile et prendre le contrôle. *In fine*, ce que nous refusons de traiter sur le moment pourra se traduire, parfois bien plus tard, par des manifestations psychosomatiques ou pathologiques plus ou moins graves et longues à guérir. Alors, avant de verrouiller votre cœur, ne faites pas une croix sur l'avenir.

Avec le recul, Camille a pu se demander si l'accident qui l'a conduite à souffrir de son épaule n'était pas un avertissement pour lui ouvrir les yeux notamment sur une vie de couple devenue peu à peu sans grande saveur. Elle a pris conscience bien plus tard que la séparation était inévitable. C'est le moment choisi par son compagnon de l'époque pour rompre qu'elle n'a pas digéré. Mais accepte-t-on jamais qu'il y ait un bon moment pour les mauvais moments ? Elle s'en est voulu de ne pas avoir su détecter les petits avertissements qui auraient pu lui mettre la puce à l'oreille. Mais voilà, on préfère parfois rester dans une situation un peu inconfortable mais qui a le mérite d'être connue, plutôt que de tout plaquer pour entrer en zone inconnue et hypothétique, fût-elle potentiellement plus en phase avec nos besoins profonds. Car c'est ici ce dont il s'agit pleinement : que faut-il pour que nous écoutions nos besoins les plus profonds ? Chaque jour, la vie nous oblige à faire des compromis afin de trouver un juste milieu, une entente, un dénominateur commun, et c'est cela apprendre à vivre ensemble, que ce soit en couple, en famille, au travail ou dans la queue chez le boulanger. Il est question de s'écouter **et** d'écouter l'autre, de trouver ce qui nous lie, ce qui fait que nous sommes bien ensemble, que nous sommes accordés. C'est une recherche d'équilibre permanente sur le fil de nos envies et de notre destinée.

Dans le cas de Camille, l'accident a probablement joué le rôle de déclic pour son partenaire. Et n'ayant pas voulu « voir », c'est-à-dire ouvrir les yeux suffisamment tôt, Camille s'est retrouvée au pied du mur, dans une situation qu'elle a subie, alors que si les deux protagonistes s'étaient parlé sincèrement, avaient communiqué suffisamment – c'est-à-dire s'ils avaient d'abord pris le temps de se poser les bonnes questions chacun de leur côté –, ils auraient peut-être pu trouver un accord mutuellement acceptable. Or Camille confirme

qu'ils parlaient peu d'eux ou mal. Par facilité ou lâcheté, les activités communes étaient devenues l'exception là où elles auraient dû constituer l'essentiel de leur vie privée.
Aujourd'hui, Camille a tourné la page et admis que cette épreuve faisait partie de son évolution. Sur ce chemin, elle a découvert la méditation de pleine conscience puis la sophrologie, mais a aussi retrouvé la maîtrise de son corps dans le sport. Restait à rouvrir pleinement le champ des possibles affectif.
C'est devenu presque une caricature, une boutade, un sketch que je dégaine à chaque nouvel atelier sur ma pratique du Feng Shui : dans les intérieurs de femmes seules, on trouve non pas une, deux ou trois représentations de femmes seules, mais huit, neuf ou dix ! Car c'est vrai. En matière de ce que nous appelons « la symbolique » (dans le cas présent, des tableaux, statuettes, affiches, objets de décoration...), cet exemple concret fait partie des musts de l'expert en Feng Shui. Vous allez le retrouver caricaturé dans certains ouvrages, mais il y a un fond de vérité intéressant à décrypter. Alors, qui de la poule ou de l'œuf... ? Est-ce parce que vous êtes célibataire que vous affichez tant de représentations de femmes seules, ou parce qu'il y a tant de ces femmes seules chez vous que vous devenez une célibataire endurcie ? À l'origine de chaque histoire, je retrouve toujours et avant tout une expérience douloureuse, une souffrance, une « claque » vécue comme une trahison ou un manque d'amour. Comme Camille, la plupart des femmes que je rencontre et qui ont souffert d'une rupture ou même d'un deuil de l'être aimé, se barri-

cadent dans leur prison émotionnelle, intime et solitaire, et préfèrent, consciemment ou inconsciemment, ne plus éprouver de sentiments du tout plutôt que de prendre le risque de souffrir de nouveau par amour. C'est pourquoi ce qui se trame à l'intérieur d'elles finit par trouver une résonance dans leur réalité extérieure et s'afficher sur leurs murs ou leurs étagères. N'oubliez pas : nos intérieurs nous ressemblent, et ne laissent rien échapper de notre inconscient ! C'est ainsi – dans un besoin de protection, parfois de repli – que certaines femmes (car ce sont majoritairement les femmes qui consultent) se retrouvent à vivre entourées de leurs doubles en plusieurs exemplaires. Si je parle de cette expérience, c'est qu'elle est réelle et fréquente. Si je vous l'expose dans cet ouvrage, c'est dans l'espoir qu'au moins une femme puisse s'identifier et prendre conscience qu'elle a peut-être, elle aussi, mis en place sans s'en rendre compte ce mécanisme d'autoprotection qui lui coûte si cher aujourd'hui. Enfin, c'est pour que les sœurs que vous êtes pour vos amies qui se trouvent dans ce cas, puissent leur ouvrir les yeux et les aider à rouvrir leur cœur.

Camille, elle, avait décidé de rouvrir les fenêtres de son cœur. Parce que c'était le moment dans sa vie, non par fatalité, mais car elle était prête. Et parce qu'elle avait réussi à mettre du sens sur son expérience douloureuse et à la classer dans ses archives personnelles et intimes dans un dossier que l'on nomme « apprentissage ». C'est pourquoi nous avons remplacé les portraits de femmes seules (surtout cette fresque au-dessus de son lit, quel symbole !) par des représentations joyeuses, voire amoureuses, repensé sa chambre à coucher et aménagé les espaces qui avaient été un peu négligés. Feng Shui à l'appui, nous avons décodé les énergies en présence, à la fois pour Camille et son appartement, et vérifié l'adéquation entre les deux.

La chambre à coucher est hautement symbolique : à elle seule, elle inspire une grande partie de notre vie affective et explore notre monde intime. Dans celle de Camille, nous avons conservé l'orientation du lit qui était bonne, mais l'avons déplacé latéralement. En effet, Camille avait pris soin de le plaquer contre le mur afin d'en faire un coin douillet pour elle seule. Nous avons ainsi recréé l'espace symboliquement pour qu'une seconde personne vienne y prendre sa place, ajouté une table et une lampe de chevet, et choisi une date favorable pour replacer le lit dans la même orientation. Ainsi la pièce a déjà pris des allures de chambre de couple et non plus d'étudiante ! Progressivement, Camille s'est réapproprié ce domaine en s'y investissant émotionnellement, mais sans pression. Afin de faire les bons choix, elle a pris le temps de se demander ce qu'elle avait envie de vivre, sans stéréotypes, dans la lucidité et l'ouverture de cœur.

Nous avons ensuite pris soin d'aménager un secteur particulier de la maison, qui avait jusque-là été le laissé-pour-compte de l'ensemble. Il s'agissait d'une pièce que Camille n'utilisait pas et n'avait jamais réellement investie. Or, il s'avère qu'elle était justement dans une orientation clef, celle liée au trigramme de l'homme de la maison. Froid et endormi, l'espace n'a jamais su trouver son utilité ni son style. Ensemble, nous avons réfléchi à un aménagement plus chaleureux mais surtout **vivant**. Il fallait en faire une pièce dans laquelle Camille se sente bien, qu'elle ait à cœur de visiter chaque jour, ne serait-ce que pour y allumer la lumière ou ouvrir la fenêtre. Ce n'était pas évident du tout pour elle, mais progressivement, c'est la totalité de l'espace qui a pris vie, comme si une ouverture nouvelle avait été créée, un champ vibratoire élargi. Camille a pris la pleine possession de son territoire, par conséquent de ses capacités, et s'est autorisée à voir plus loin et différemment.

Quelques semaines plus tard, lors d'un séminaire professionnel, Camille a rencontré pour la première fois un partenaire qu'elle ne connaissait que virtuellement pour lui avoir parlé par téléphone et messageries interposées. Tous deux avaient conscience de bien s'entendre, mais n'avaient pas imaginé que cette sympathie réciproque pourrait donner lieu à une relation affective. Camille a osé se laisser aller à la confiance envers l'autre et a même pris quelques initiatives. Et aux dernières nouvelles, les amoureux cherchent un appartement pour vivre ensemble.

Le Feng Shui n'est pas de la magie. Il accompagne le mouvement intérieur de nos vies. En tant que professionnels du développement personnel, nous pouvons mettre la lumière sur les aspects de votre vie à soigner dans un moment clef de votre évolution, mais nous ne pouvons pas cheminer à votre place. C'est vous et vous seul qui avez les clefs de votre propre guérison. Tout est affaire de mouvement, d'énergie et de temps !

Guillaume, Justine et leurs enfants déménagent

Lorsque Guillaume me contacte sur les conseils d'une amie commune pour une consultation, je ne sais pas encore que, pour la première fois dans ma pratique d'experte en Feng Shui, je vais proposer à une famille de quitter son lieu de vie. En effet, recommander un déménagement est extrêmement rare dans notre profession.

Guillaume, son épouse Justine et leurs enfants Achille, six ans, et Chloé, trois ans et demi, sont installés dans un appartement de l'Ouest parisien. La problématique rencontrée par l'ensemble de la famille est multifactorielle : les domaines du travail, de la santé et de l'harmonie familiale sont touchés. À mon arrivée dans l'appartement, je suis accueillie par une jeune femme dynamique mais un peu perdue. Avant toute chose, je prends le temps nécessaire pour écouter ma cliente, car il y a des questionnements fondamentaux. Elle commence par m'exposer sa situation professionnelle : en poste avec des responsabilités depuis des années dans une grosse entreprise française, elle sent, elle sait qu'elle n'y est pas à sa place. Non que le travail soit inintéressant, mais elle a depuis longtemps le désir de monter sa propre entreprise, sans jamais avoir osé aller jusqu'au bout. Des idées, elle en a plein, avec pourtant une difficulté à les canaliser. De son côté, Guillaume s'ennuie

dans un travail qui l'éloigne physiquement du quotidien de sa famille puisqu'il passe ses semaines à Londres.
À cela s'ajoutent des problèmes de santé pour Justine et leur fille Chloé qui a déjà subi une opération, mais aussi ce que Justine décrit (en accord avec son mari Guillaume, alors absent de cette première rencontre) comme « un manque d'harmonie » dans leur couple et par extension dans leur vie familiale.
Je suis très intéressée par ces problématiques multiples, car il s'agit pour nous d'un travail global, holistique, d'une réharmonisation à organiser, d'une nouvelle programmation à prévoir et mettre en œuvre. Bref, un défi en perspective et surtout, une famille à aider et accompagner.
Dès le début, la visite de l'appartement fait apparaître un problème majeur et inattendu : il n'y a pas de centre. Le lieu est le fruit de découpages, acquisitions, redécoupages, réhabilitations de niveaux entiers, ce qui aboutit souvent à des formes irrégulières, parfois même aberrantes, et c'est le cas ici.
La configuration est telle que, par le biais de couloirs et recoins, on tourne autour d'un centre qui appartient... à l'appartement voisin. Autant dire que cela demanderait de déployer beaucoup d'énergie pour s'y sentir « entier », « plein », « aligné ».
La visite est curieuse, on se sent mal à l'aise dans ce lieu qui n'est pourtant pas dénué de charme, même si le manque de lumière naturelle est frappant. La sensation est de l'ordre de l'instabilité et du vide. Je constate que mes clients n'ont pas encore pris réellement possession des

lieux : pas ou peu de cadres au mur, peu de meubles, une décoration et un aménagement très peu aboutis – comme si, au fond d'eux, tout cela n'était qu'un passage, un état provisoire, une étape. Je n'aurais pas été surprise que Justine m'apprenne qu'ils avaient emménagé deux mois plus tôt. Mais ils étaient là depuis deux ans !

L'analyse Feng Shui de l'environnement et du lieu révèle des influences énergétiques moyennes et « contrariées », ainsi qu'un taux vibratoire faible. Ces éléments se traduisent dans la famille principalement par un manque de vitalité, un éparpillement des forces et, nous l'avons dit, des problèmes de santé. Assez rapidement, je tourne en rond dans mon analyse. Je n'arrive pas à harmoniser l'espace, à trouver en moi le point déclenchant qui apporte son sens à l'aménagement et au changement. Cela m'arrive rarement, même si je suis parfois confrontée à des expertises complexes, mais là, je sèche complètement. Dans ma façon de procéder, je laisse toujours le lieu me parler avant de transmettre mes recommandations. J'aime me laisser imprégner deux ou trois jours par son énergie, mais aussi me laisser sentir ce qui est juste pour lui et ses occupants. Généralement, il se produit un déclic au bout de ce laps de temps où mon analyse technique et mon intuition se rejoignent : c'est ce que je recherche, ce que je laisse émerger, alors je peux revenir vers mes clients et apporter mes conclusions.

J'ai beaucoup hésité avant de suggérer à Justine et Guillaume un possible déménagement dans un lieu plus propice à l'épanouissement de leur famille et leurs projets. Une telle recommandation n'est pas sans conséquences sur le moral et les finances. Nous avons beaucoup discuté, Ils ont posé tout un tas de questions, j'ai déployé un maximum de pédagogie tout en étant claire sur le fait que, dans ce cas précis, le Feng Shui (et moi !) avait ses limites et ne pourrait peut-être pas répondre complètement à leurs attentes. Alors comme une évidence, comme un abcès qui éclate, Guillaume a posé LA question : « *Serait-il préférable de déménager ?* » Tandis que je n'avais pas (encore) évoqué cette possibilité, tous deux ont ressenti comme une libération la simple possibilité de s'autoriser à se poser la question.

En discutant, ils ont reconnu ne s'être jamais sentis complètement à l'aise ni chez eux dans cet appartement et ce quartier. Et il est parfois des lieux pour lesquels aucun remède dans notre éventail d'expert en Feng Shui ne sera assez puissant pour contrecarrer des énergies défavorables provenant notamment de l'environnement et de la forme de l'habitation. Ces deux conditions sont précisément celles sur lesquelles nous avons généralement peu ou pas de prise. Si nous ne pouvons pas agir sur ces leviers, alors il vaut parfois mieux envisager la modification du bien, voire sa destruction pour reconstruction, ce qui est monnaie courante en Chine ou à Hong Kong. Ici, je ne suis pas certaine que cette proposition aurait été du goût des autorités locales et de l'ensemble des copropriétaires. Ainsi j'avais jeté un pavé dans la mare mais, par la même occasion, libéré mes clients d'une forme d'emprise morale qui les empêchait de prendre toute leur place. Surprise, un peu sonnée, mais soulagée pour eux, j'étais heureuse qu'ils puissent soudainement envisager de nouvelles perspectives, si ce n'est de bonheur et d'épanouissement immédiats, en tout cas de changement. Et c'est ce qui arriva très rapidement. Ils se montrèrent tous deux extrêmement motivés par ce nouveau projet et, comme les planètes étaient alignées, visitèrent quelques appartements avant de trouver leur bonheur assez facilement. Bien que plus petit, celui-ci s'avérait beaucoup plus lumineux, plus moderne, de forme régulière et l'environnement, tout comme son orientation, étaient plutôt favorables. Avant de signer, ils m'ont demandé de valider leur choix, ce que j'ai fait, puis je les ai accompagnés dans l'aménagement de leur nouveau nid.

Bien entendu, tous les problèmes n'ont pas pour autant disparu, mais la famille est réunie dans un même flux énergétique, et au lieu de disperser leur énergie, ils ont pu depuis la canaliser et la mettre au service de la cohésion du couple et de la cellule familiale. Ainsi nos jeunes parents ont remonté leur niveau d'énergie pour porter de nouveaux projets personnels et professionnels et retrouvé une certaine vitalité et de l'enthousiasme : deux conditions nécessaires, notamment aux soins dont allaient avoir besoin Justine et Chloé, et aux changements auxquels ils aspirent.

Anna et Charles font leur nid

Au tout début de ma pratique d'experte en Feng Shui traditionnel, l'une de mes amies m'a accordé sa confiance pour l'aider à repenser de fond en comble la maison de ses rêves de petite fille, située en plein cœur du seizième arrondissement de Paris. La propriétaire précédente, une vieille dame, venait de décéder. Ses héritiers avaient décidé de se séparer de la maison, et mon amie Anna, aidée par son mari Charles, a déployé tous ses talents pour l'acheter. Ils se projetaient déjà avec leurs trois enfants dans cet espace, caché à l'arrière d'un ensemble de bâtiments bourgeois et, surtout, agrémenté d'un jardin. Bref, le potentiel était charmant et le chantier, assez important.

Le plan de masse était régulier et les influences énergétiques de la façade, plutôt favorables. La maison était adossée à un mur solide, accolée à une école dont le mur mitoyen placé côté « Tigre » (voir les animaux symboliques au chapitre « *La recherche de l'équilibre* ») était gigantesque. Cela ne m'étonnait pas, connaissant la personnalité ébouriffante de mon amie Anna : cette construction symbolisait la place qu'elle occupe, son dynamisme et sa créativité. Finalement, tout cela lui ressemblait.

L'architecte commença à travailler sur les plans qu'Anna et son mari Charles avaient imaginés, et nous fûmes rejoints par la sœur de mon amie qui est décoratrice d'intérieur. La maison était constituée de trois niveaux : un rez-de-chaussée, accessible par quelques marches en pierre depuis le jardin, où se trouvaient un salon et une cuisine ; un étage constitué de deux chambres, une petite pièce attenante et une salle de bains et un niveau en rez-de-jardin, ressemblant aux souplex que l'on trouve dans certaines rues de Londres, qui, ici, servait plus ou moins de cave. Une arrière-cour complétait l'ensemble. L'espace disponible n'était pas si grand pour une famille de cinq personnes, et il fallait viser juste. Anna avait identifié des priorités et souhaitait faire de nombreux aménagements. Elle se sentait en connexion avec la propriétaire précédente décédée quelques mois auparavant et pouvait percevoir sa présence dans les lieux. Elle avait l'intuition qu'elle devait lui demander l'autorisation de toucher à sa maison, et s'y plia volontiers. Elle choisit également de récupérer quelques meubles, comme pour lui signifier qu'il y aurait toujours une petite place pour elle. Je dirais que toutes deux travaillèrent en bonne intelligence spirituelle.

Il était évident que le rez-de-chaussée accueillerait la cuisine, la partie salle à manger et le salon. Tout fut cassé et refait au goût des nouveaux propriétaires. Une salle de bains d'invités fut aménagée dans l'angle de l'escalier, et une véranda créée en guise d'entrée en haut du petit escalier de pierre, comme un sas évitant de pénétrer trop rapidement dans l'espace privé. Je l'ai déjà expliqué, cette entrée revêt une grande importance, car elle agit comme une respiration, un lien entre l'extérieur et l'intérieur, et permet une « filtration » entre notre vie sociale et notre vie privée. Il arrive parfois dans les petits appartements parisiens, que l'on « déboule » littéralement dans la pièce à vivre depuis la porte d'entrée qui donne sur le palier de l'étage. Cela demande beaucoup d'énergie aux occupants pour vivre dans cette configuration. J'insiste sur la nécessité, lorsque c'est possible, d'aménager une entrée, au moins visuellement avec un tapis au sol, afin d'induire un qi plus lent qui agira comme un « sas » de décompression, un tampon, et mettra l'extérieur un peu à distance de notre intimité pour se sentir en sécurité dans son cocon.

Au rez-de-chaussée se posait la question de l'arrière-cour. Anna souhaitait la couvrir mais ne savait pas exactement qu'en faire. Une salle à manger ? Un espace de jeux pour les enfants ? Je mis du temps à la convaincre d'en faire son atelier, elle qui aimait créer et commençait à peindre quelques toiles. Nous verrons plus loin que ce choix fut déterminant.

Un autre choix dicté par le Feng Shui a été essentiel : celui d'ajouter un étage à l'ensemble, leur évitant ainsi de condamner leur couple à vivre et dormir au rez-de-jardin, dans ce que j'appelle le souplex. En effet, Anna n'en démordait pas : le souplex, une fois assaini et aménagé, serait une chambre soit pour leur fils aîné, soit pour eux. Je le lui interdis littéralement ! Pendant des mois, ils essayèrent de trouver une solution pour placer tout le monde au premier étage, mais l'espace s'avérait décidément trop petit. Comme Anna insistait, je dus m'y reprendre à plusieurs fois pour lui faire comprendre que son couple, leur santé, leur épanouissement, leur joie de vivre, seraient mis à rude épreuve s'ils choisissaient d'aménager leur chambre à la cave ! Aujourd'hui encore, elle résumerait nos discussions en vous disant : « *Caro m'a dit :* "Interdit de mettre ton couple à la cave !" » Outre le manque d'énergie patent, c'était également se condamner à porter tout le poids symbolique et psychologique de la maison au-dessus de leur tête. Pour moi, c'était hors de question.

Après maintes réflexions et propositions de l'architecte, ils acceptèrent d'aller plus loin dans leurs investissements : un étage supplémentaire serait créé, la maison serait donc surélevée. Encore fallait-il obtenir l'aval de la mairie, ce qu'Anna fit sans trop de difficultés, car c'est une femme passionnée, persévérante et, de ce fait, convaincante. Il est extrêmement rare que nous recommandions des modifications structurelles dans nos expertises Feng Shui, mais j'ai dû sentir au fond de moi que cette possibilité existait et, en tenant bon, nous avons trouvé ensemble la solution qui, certes avait un coût non négligeable, mais convenait à tous et allait être déterminante pour le futur. Un second étage fut alors ajouté, celui de la suite parentale avec chambre, salle de bains, dressing et, cerise sur le gâteau, balcon donnant sur le jardin. Loin de dénaturer le style de la maison, celle-ci s'en trouva modernisée. Charles et Anna bénéficient maintenant d'un espace qui n'appartient qu'à eux, un petit nid à hauteur d'oiseaux et de ciel bleu.

« SI À LA FIN DE CE LIVRE, VOUS CROYEZ ENCORE AU HASARD, ALORS J'AI RATÉ MON PARI DE DONNER DU SENS À VOS EXPÉRIENCES. »

Si l'on résume, nous avons un jardin dont l'atmosphère a été imaginée par un paysagiste qui a pris soin de réserver des espaces de jeux pour les enfants, repos et repas pour l'ensemble de la famille ; un rez-de-chaussée constitué d'une cuisine, une salle à manger, un salon, une salle de bains, et une ancienne cour couverte par un toit en verre, devenue un bureau/atelier, puis atelier d'artiste à temps plein ; un premier étage avec trois chambres d'enfant et une salle de bains ; un second étage avec suite parentale ; et enfin un rez-de-jardin aménagé en salle de jeux, home cinéma, chambre d'appoint pour les amis de passage, lingerie et cave. Tout y est ! Depuis une dizaine d'années maintenant, tous les cinq vivent et s'épanouissent dans ce cocon, les amis et la famille passent et s'y sentent bien. Anna a quitté son job de psychologue clinicienne pour devenir une artiste peintre reconnue, exposant de Londres à Abu Dhabi, Charles concilie sa vie professionnelle avec sa vie de famille à laquelle il arrive à consacrer du temps malgré ses responsabilités, et chacun des enfants (ainsi que le chat) a trouvé sa place et grandit vite et bien.

À la fin du chantier, j'ai proposé à Anna de procéder à une clarification de l'espace. Cette méthode, que l'on retrouve dans nombre de traditions ancestrales, a pour but de chasser les énergies anciennes et précédentes lorsqu'on emménage dans une nouvelle maison, afin d'entrer dans un lieu propre, net, neutre, et d'y inscrire nos propres intentions. Je suis revenue avant l'emménagement. Lorsque je suis entrée dans la maison, il est apparu évident que la clarification n'était pas nécessaire. Autant l'énergie était « chargée » avant et pendant les travaux, autant il me semblait que le fait d'avoir cassé les murs, les sols, les plafonds et tout reconstruit, avait conduit à modifier considérablement le ressenti énergétique du lieu. Nous entrions naturellement dans un nouveau cycle, à l'instar d'une renaissance, ce que confirmait l'analyse spatio-temporelle de la maison. En outre, Anna avait projeté tellement d'intentions positives dans ce lieu, tant travaillé à le façonner à leur image et y inscrire l'esprit de leur famille, que l'énergie du lieu avait changé, et tout était fin prêt pour les accueillir et permettre leur évolution. Il ne faut pas sous-estimer la rencontre d'un lieu et d'une personne ou un groupe de personnes. Si à la fin de ce livre, vous croyez encore au hasard, alors j'ai raté mon pari de donner du sens à vos expériences.

Alexandra change de salon

Alexandra habite dans le sixième arrondissement de Paris avec Matthieu, son mari et ses deux enfants, Thomas et Marine. Une connaissance commune vivant au Pays basque – et avec qui j'ai travaillé au Feng Shui de l'hôtel dont il est propriétaire – lui a parlé de mon intervention et transmis mes coordonnées. Car Alexandra a besoin d'aide pour organiser son salon qu'elle considère ne jamais avoir réussi à aménager.

J'arrive dans un bel appartement, très joliment décoré, mais au plan de masse assez irrégulier. Une fois encore, l'immobilier ancien parisien fait des siennes et nous offre un ensemble stylé, mais un peu difficile à organiser, notamment car il est tout en longueur. Une belle entrée nous accueille, mais face à la porte, le grand miroir qui reflète notre arrivée me fait tiquer. Nous y reviendrons. À droite, la salle principale est composée d'un salon agrémenté d'une cheminée, puis d'un assez grand espace salle à manger avec vue sur des arbres hauts. Je comprends pourquoi mes clients ont aimé ce lieu lorsqu'ils l'ont découvert. La visite se poursuit : nous faisons demi-tour et empruntons un long couloir étroit. À mi-chemin sur la gauche, une cuisine puis la salle de bains des enfants ont trouvé leur place côté cour, même si la lumière manque

un peu. Le couloir continue pour distribuer les chambres. Celles des enfants d'abord, qui sont bien aménagées et de forme régulière : chacun y a son espace. Enfin, la chambre des parents qui se situe en bout d'appartement, sur cour elle aussi. Elle est relativement spacieuse pour un appartement parisien et aménagée comme une suite d'hôtel avec salle de bains privative.
On peut considérer que l'ensemble de l'espace est bien optimisé étant donné la non-agilité du plan de masse. Bien que les proportions de la cuisine et de la salle de bains des enfants soient un peu petites par rapport au reste de l'espace, elles sont finalement le reflet d'un mode de vie ancien et cela reste acceptable encore aujourd'hui, à défaut d'être tout à fait confortable. Dans notre propre appartement, la cuisine s'avère minuscule et impossible à modifier en l'état actuel du plan. C'est le seul point noir du lieu qui, pour le reste est totalement charmant, agréable et facile à vivre. J'ai donc accepté de cuisiner différemment. Et surtout j'ai appris à chasser gentiment tout grand ou petit visiteur qui viendrait tourner dans mes pattes pendant que je suis aux fourneaux !
Le point noir de l'appartement d'Alexandra était l'aménagement de la partie salon dans la pièce principale. En effet, la logique voulait que celui-ci se trouve autour de la cheminée, dans une ambiance cocooning et intime. Mais les canapés étaient trop grands et il s'avérait difficile de s'asseoir ou d'accéder à quelque partie du salon sans avoir à se contorsionner un peu et sans craindre de renverser un des beaux objets de décoration de la famille. Par consé-

quent, outre les orientations favorables, il fallait trouver le point d'harmonie, l'équilibre de cet ensemble. L'exercice s'annonçait un peu compliqué, étant donné les possibilités limitées de déplacement du mobilier. Alexandra ne souhaitait pas se séparer de ses meubles, elle avait à cœur de conserver les deux grands canapés, l'armoire chinoise, la grande table basse et les tables d'appoint. Je ne voyais pas, a priori, comment mieux « caser » tout cela, car bien que l'impression soit particulièrement compacte, tout avait trouvé une place.

Lorsque je suis confrontée à de telles problématiques, il arrive un moment où, après avoir étudié le Feng Shui en long, en large et en travers, je commence à tourner en rond sans avoir l'once d'un début de commencement de solution. Et j'adore ça ! Car je dois alors me creuser les méninges et faire appel à ma plus précieuse alliée : mon intuition. Celle-ci commença à me guider en m'envoyant des informations contextuelles du type : « Le salon est sombre... », ou encore « La cheminée est trop rapprochée », et enfin « Difficile de se détendre dans un salon si près de l'entrée. »

Alors mon esprit fit tilt. Il fallait déplacer le salon. Il s'agissait littéralement d'inverser la place du salon avec celle de la salle à manger. Avant de proposer une telle solution, j'interrogeai Alexandra sur leur mode de vie familial et la façon dont ils occupaient l'espace. Prenaient-ils tous leurs repas ensemble ? Dans la petite cuisine ou la salle à manger ? À quelle fréquence et dans quelles circonstances utilisaient-ils leur salon ? À quelles activités prenaient-ils part dans la salle à manger ? Plus Alexandra me décrivait la vie de sa famille, plus je comprenais que tout se passait dans la partie salle à manger où, d'ailleurs, la lumière était belle et quelques poufs avaient été improvisés, notamment pour regarder la télévision. Les enfants qui avaient atteint l'âge du début d'adolescence passaient pas mal de temps dans leur chambre, mais ils aimaient aussi se retrouver devant une bonne série sur grand écran. Par ailleurs, j'appris que le salon leur paraissait à tous si sombre, peu compatible avec leur vie quotidienne et si formel, qu'il était réservé aux invités qui venaient prendre un verre – et encore, lorsqu'ils n'étaient pas trop nombreux. Quant aux repas, le petit déjeuner était systématiquement pris dans la cuisine, ensemble ou séparément. De plus, les parents voyageant fréquemment pour des raisons professionnelles, les dîners en semaine étaient plutôt organisés par chacun, là où il en avait envie, qui dans la cuisine, qui sur la table de la salle à manger, qui sur un pouf. Leur mode de vie était de ce fait des plus flexibles et l'espace ne retranscrivait pas cela. L'impression générale était que l'aménagement avait été pensé non pas en fonction du mode de vie et des besoins de chacun, mais plutôt du mobilier à faire entrer dans des cases. En effet, lorsqu'on débarque depuis notre lieu de vie précédent dans une nouvelle habitation, on ne s'autorise pas toujours à choisir en conscience ce que l'on veut conserver, avoir sous les yeux, utiliser ou non.

Par conséquent, je proposai à Alexandra l'échange que j'avais visualisé, entre le coin salle à manger et le coin salon. Je lui en décrivis les avantages : bénéficier de la lumière directe dans le salon et en faire ainsi le lieu de rassemblement de l'ensemble de la famille. Puisqu'ils prenaient régulièrement leurs repas respectifs sur des poufs, ils pourraient peut-être se retrouver autour d'un dîner sur la table du salon. Je craignais qu'Alexandra, dont je sentais finalement une certaine frilosité au changement malgré ma présence dont c'était l'objectif, ne me renvoie dans mes buts. Ce fut tout le contraire. Passés la surprise et un petit temps de réflexion dont je voyais à son œil qu'il permettait à son logiciel interne d'enregistrer la nouvelle information et de la digérer, elle accueillit la suggestion avec curiosité et ouverture. J'étais soulagée parce que je ne voyais sincèrement aucune autre solution à sa demande, et je tenais à l'aider et lui être utile.

Ensemble, nous commençâmes à envisager le changement. Il faudrait placer les canapés face à face, chacun étant adossé à un mur et dans une orientation favorable, et l'un des deux faisant face à l'écran de télévision, ce dernier devant être légèrement déplacé latéralement. Les fenêtres se trouveraient ainsi entre les canapés, permettant à la lumière d'entrer dans la pièce sans obstruction, ce qui n'était pas réellement le cas dans la version salle à manger, puisque la table, un peu haute, était placée en plein centre et bien trop proche des ouvertures. La grande table basse pourrait trouver sa place entre les deux canapés, laissant ainsi le qi circuler harmonieusement tout autour. Il serait assez facile de répartir dans cet ensemble les bouts de canapé et tables d'appoint. Quant au meuble chinois, nous avons convenu qu'il serait préférable de le laisser à droite

de la cheminée, car il avait finalement trouvé sa place définitive en ce lieu. Par ailleurs, il pourrait servir de vaisselier dans la nouvelle salle à manger.
Côté cheminée, ce serait l'arrivée d'une table en bois rectangulaire accompagnée de ses chaises. Certes, l'espace n'était pas grand mais suffisant pour y recevoir six personnes, voire huit si les convives acceptaient de se serrer un peu. Et puis il fallait reconnaître que profiter du nouveau salon et de sa lumière bien installés dans les canapés allait enfin pouvoir devenir un plaisir quotidien pour les membres de la famille, alors que l'utilisation de la salle à manger n'était qu'occasionnelle, généralement cantonnée au week-end. Par ailleurs, j'envisageai que la plus grande proximité de la salle à manger avec la cuisine pourrait s'avérer un atout lorsqu'il s'agirait de prendre le temps de quelques repas ensemble dans la semaine.

« [...] IL ÉTAIT [...] IMPORTANT D'ÉCOUTER CE QUE LE LIEU AVAIT À NOUS DIRE. »

Je déterminai alors une date favorable à tous ces changements dans les semaines qui suivirent, et donnai les instructions précises à Alexandra et son fils aîné qui était présent et avait pris part aux discussions. Quelques jours plus tard, j'envoyai à Alexandra une esquisse du futur salon et de la future salle à manger afin de m'assurer que le mobilier serait placé au bon endroit.

Avant de partir, et bien que la demande initiale d'Alexandra concerne uniquement le salon, nous refîmes un tour de l'appartement et je lui donnai quelques recommandations : ajouter de la lumière dans le long couloir étroit – qui plus est peint en gris charbon –, mais aussi placer une console et quelques éléments de décoration devant le grand miroir de l'entrée si elle souhaitait réellement le conserver à cet endroit. Cette préconisation avait pour but de conserver le qi dans la maison et de le faire circuler, plutôt que de l'encourager à ressortir à peine entré.

Je pris des nouvelles de la famille d'Alexandra deux mois plus tard. Elle me raconta notamment que son mari, qui était en déplacement à l'étranger lors de notre consultation et ne s'était pas réellement penché sur le problème d'aménagement du salon, fut tour à tour surpris par la démarche de Feng Shui initiée par sa femme, puis plutôt ouvert et favorable au changement... et enfin enthousiasmé par le nouvel aménagement qu'il ressentait comme plus ouvert et convivial. Je suis souvent confrontée au scepticisme des conjoints de mes clientes, et j'avoue que cela m'amuse beaucoup car, sous leurs airs un peu perplexes, ils s'avèrent curieux et joueurs. Je passe souvent par le biais du pragmatisme pour faire passer mes messages, et les plus cartésiens d'entre eux sont généralement les plus superstitieux. À la fin, j'entends souvent dire « *Je ne crois pas vraiment à votre truc... mais dites-moi quand même dans quel sens je dois dormir, au cas où ça marche...* ».

No comment.

Dans cette expérience, il était à la fois important d'écouter ce que le lieu avait à nous dire, et d'encourager Alexandra en tant qu'organisatrice principale de la vie familiale, à se poser les bonnes questions. Pour résoudre sa problématique, elle devait accéder au recul nécessaire sur leur mode de vie et accepter de changer de paradigme (le salon n'est pas forcément organisé autour de la cheminée, qui plus est lorsque celle-ci ne fonctionne pas !). Vous l'avez compris, j'utilise la maison comme un outil, un laboratoire de la connaissance de soi. Ici, Alexandra a dû prendre conscience du type de relations et des interactions entre les membres de la famille pour comprendre qu'une organisation du foyer qui leur ressemble serait un atout dans la cohésion et l'harmonie générales.

Rebecca et Michelle créent leur start-up

Rebecca est anglo-saxonne. Elle vit en France depuis 2011. Son petit ami, Paul, est français et leur fille, Joséphine, est née en 2014. Rêvant de devenir entrepreneuse, Rebecca a quitté son job huit mois auparavant pour s'associer avec une amie et ancienne collègue, anglo-saxonne elle aussi, et créer ensemble une start-up dans le digital. Leur projet est de lancer une application *lifestyle* de nouvelle génération, dédiée aux femmes de plus de trente ans. Rebecca, qui est l'associée principale, me consulte afin d'aménager le bureau qu'elles peuvent enfin louer avec Michelle, mais aussi pour améliorer l'espace qu'elle a dédié à son travail au sein de son appartement.

Lorsque j'accompagne des *startuppers* et autres entrepreneurs, j'aime faire un tour d'horizon complet des lieux dans lesquels ils vivent et travaillent. Ainsi je leur demande généralement de m'ouvrir non seulement la porte de leur bureau, mais aussi celle de leur maison, car l'aventure entrepreneuriale ne s'arrête pas aux portes du bureau, et elle mérite particulièrement que l'on mette toutes les chances de son côté dès le départ. Et c'est exactement l'état d'esprit de Rebecca !

Lorsque je découvre le bureau qu'elles occupent toutes les deux dans le seizième arrondissement de Paris, elles ont déjà investi les lieux depuis un mois et demi. Elles ont eu l'opportunité de louer cet espace au sein d'un cabinet d'architectes dont l'associé principal est un ami du mari de Michelle. La première bonne nouvelle est que l'espace qui leur est réservé est isolé du reste sans l'être totalement. Elles peuvent ainsi bénéficier des installations de l'équipe d'architectes, mais aussi de leur énergie communicative. Pour mon analyse, je prends alors en compte l'espace qui leur est réservé mais aussi l'ensemble du plateau. La deuxième bonne nouvelle est que l'orientation de la façade est bonne pour la période actuelle. Quant à l'environnement, je le trouve un peu Yin, c'est-à-dire calme pour stimuler suffisamment l'énergie d'une start-up, mais nous devons faire avec ce que nous avons. D'ailleurs, il n'est pas exclu que l'occupation de ce bureau soit finalement temporaire si les affaires marchent bien et que nos entrepreneuses rejoignent un incubateur dans quelque temps, ce qui est un de leurs objectifs. Reste à vérifier l'adéquation du lieu avec les protagonistes, et à réveiller les bonnes énergies à l'intérieur.

Le bureau de nos *startuppeuses* se compose de deux pièces considérées comme des bureaux individuels, cloisonnées par des verrières laissant ainsi passer la lumière, donc le qi, et d'un espace central servant de salle de réunion, formelle ou informelle. Je comprends qu'elles ont l'habitude de se retrouver dans ce dernier lorsqu'elles ont besoin de « brainstormer » sur le tableau et de travailler ensemble en étant concentrées. Le reste du temps, elles apprécient assez de pouvoir profiter d'un bureau individuel dont la porte reste d'ailleurs ouverte toute la journée.

« IL FAUDRA VEILLER À EN FAIRE QUELQUE CHOSE QUI RESSEMBLE À CES DEUX JEUNES FEMMES DYNAMIQUES ET À L'ÉTAT D'ESPRIT DE LEUR ENTREPRISE. »

Une chose me frappe dès que j'entre dans le premier bureau : le volet extérieur de la fenêtre donnant sur l'arrière de l'immeuble est fermé. J'interroge Rebecca, dont c'est le bureau. Elle m'informe que le volet est cassé et que le cabinet étant situé au rez-de-chaussée, les architectes préfèrent ne pas l'ouvrir tant que la réparation n'a pas été entreprise. Or, j'apprends que le volet est cassé depuis plus d'un an… Aïe ! C'est un véritable problème, d'autant que les indications énergétiques de cette orientation sont particulièrement favorables. Par ailleurs, cela signifie que Rebecca passe ses journées à travailler sous la lumière artificielle et que la fenêtre n'est elle-même jamais ouverte. J'explique à Rebecca qu'il va être urgent de faire intervenir la réparation si elle veut que sa petite entreprise décolle, et elle avec. J'observe également que le bureau est plutôt petit pour Rebecca qui est pourtant l'associée principale de la start-up. Elle me répond qu'elle a justement choisi celui-là pour son côté protecteur et rassurant, légèrement en retrait. À ce moment-là, je m'interroge intérieurement sur l'engagement de Rebecca qui me paraît à la fois total sur l'objectif, mais un peu ambigu sur certains aspects. Nous y reviendrons plus tard.

Le bureau de Michelle est nettement plus clair, bénéficiant de deux fenêtres, une sur la façade et l'autre sur le côté. Outre la table de bureau et un petit meuble de rangement, un canapé et une table basse peuvent y loger. Michelle ne l'occupe pas à temps plein, car elle a souhaité garder deux jours par semaine, notamment pour s'occuper de ses enfants et les voir grandir. Comme nous le disions, c'est Rebecca qui porte principalement le projet. Mais je vois en Michelle une personnalité assez tournée vers l'extérieur et je saisis pourquoi elle a choisi ce bureau.

L'espace central de réunion est plutôt neutre, presque un peu triste. Il faudra veiller à en faire quelque chose qui ressemble à ces deux jeunes femmes dynamiques et à l'état d'esprit de leur entreprise.

Lors de ma discussion avec Rebecca, je l'interroge sur ses envies, ses besoins, ses craintes dans cette aventure, mais aussi sur l'énergie qu'elle est prête à déployer pour que ça marche. J'ai en face de moi une femme vive et intelligente, créative, professionnelle, déterminée, craignant cependant d'être engloutie par la masse de travail à fournir et de rompre l'équilibre qu'elle a réussi à créer avec son compagnon et sa petite fille dans leur vie privée. Je comprends alors qu'elle n'ose pas lâcher les freins totalement et que cela se traduit par une hésitation récurrente à se mettre en avant et à prendre certains risques. Or, il me semble que la libération de l'énergie de Rebecca doit être totale, particulièrement à cette période du projet. Mon intuition me dit qu'au fond d'elle-même, elle en a sincèrement et redoutablement envie, mais qu'elle ne se l'autorise pas, comme si elle attendait de quelqu'un d'autre (son compagnon ?) cette autorisation. J'enfile alors ma casquette de coach de vie pour creuser cette piste en lui posant quelques questions. Au début, son mental est clairement maître de la situation et elle tourne autour du pot comme si elle ne souhaitait pas ouvrir ce dossier. Je sens que mes questions la mettent au défi, mais qu'il arrive un moment où elle ne peut plus se mentir : une brèche est en train de s'ouvrir. Elle m'explique que ses parents vivent aux États-Unis, que sa mère britannique a suivi son père, mais qu'elle n'a jamais véritablement trouvé sa voie professionnelle. Tout en la soutenant dans la création de cette start-up, sa mère l'a mise en garde sur les risques que cela faisait peser sur son couple et sa vie familiale. Du côté de Paul, elle sait qu'il a confiance en elle mais ressent qu'il ne s'implique pas véritablement dans l'aventure. Au fond d'elle-même, elle aimerait qu'il soit plus présent, qu'il la remotive lorsqu'elle perd un peu espoir, qu'il projette avec elle une réussite à long terme et pas seulement un projet sur six mois. Alors qu'elle met des mots sur cette réalité, Rebecca est émue. Elle est en train de prendre conscience que ce lien est un frein à son expansion.

L'analyse Feng Shui du lieu indique que les meilleures énergies se situent dans le bureau de Rebecca et dans l'espace central de réunion. Cependant, quelque chose me dit que tant que le volet de la fenêtre n'est pas réparé, Rebecca n'a pas intérêt à y rester. Je lui propose trois options : la première peut consister à s'installer dans la salle de réunion, espace ouvert que nous pouvons aménager de façon à ce qu'elle s'y sente à l'aise et à conserver une table pour y travailler à deux ou plus lorsque nécessaire ; la deuxième consisterait à proposer à Michelle de partager le bureau avec elle, au moins tant que le volet n'est pas réparé ; enfin, la troisième serait de voir avec son associée si elle accepterait de lui laisser le plus grand bureau, étant donné que Michelle n'y passe finalement que trois jours par semaine, contre cinq pour Rebecca. Cette dernière solution permettrait non seulement à Rebecca d'être davantage dans la lumière, mais aussi de prendre toute sa place et sa dimension dans le projet et, potentiellement, de s'épanouir. Rebecca me dit qu'elle se sent assez à l'aise avec son amie et associée pour envisager toutes ces options avec elle et trouver ensemble la meilleure solution. Dès le départ, elles se sont promis de ne rien se cacher et de toujours se dire ce qui va, comme ce qui ne va pas.

Je leur ai alors donné quelques jours pour avoir cette discussion entre elles. Lorsque Rebecca me rappelle, je sens une forme d'euphorie dans sa voix. Elle m'explique que Michelle lui a spontanément proposé de prendre le grand bureau et de s'installer dans la salle de réunion. D'un commun accord, elles se sont dit que le petit bureau pourrait servir au futur stagiaire qu'elles comptent recruter. Ainsi Rebecca allait déménager et sortir de son petit espace pour avancer dans la lumière. Cette décision la mettait clairement en joie, avec une petite pointe d'anxiété tout de même sur les conséquences possibles. Elle voulut également me faire part de la discussion qu'elle avait eue avec Paul : elle avait ouvert son cœur et avoué qu'elle avait besoin de son soutien indéfectible et de son engagement total. De son côté, il lui fit part de ses craintes tout en expliquant qu'il ne savait pas comment se positionner, car il n'était pas totalement sûr de ce qu'elle attendait de lui. Ils avaient finalement beaucoup parlé du contenu, sans jamais évoquer en profondeur les conditions de vie autour du projet. Cette conversation avait manifestement libéré quelque chose chez Rebecca. Avec Michelle, elles avaient d'ailleurs pris la décision de faire appel à un coach professionnel une fois par mois pour mesurer l'état d'avancement de leurs travaux et ajuster leur positionnement en fonction des besoins.

Il était incroyable et enthousiasmant de voir, avant même le réaménagement du lieu, l'impact du questionnement sur l'ensemble des protagonistes de cette histoire. À une date favorable le mois suivant, Rebecca et Michelle, aidées de Paul, procédèrent donc au réaménagement de leur bureau : Rebecca s'installa dans le grand bureau dans une orientation qui lui était favorable, une table ronde de réunion y fit son entrée à la place du canapé, ledit canapé étant installé dans la salle de réunion qui devenait ainsi un salon et un espace collaboratif avec grand tableau blanc. Michelle se voyait assez bien travailler depuis le canapé, mais j'appris dans les semaines qui suivirent, que dans les faits, les deux amies prirent beaucoup de plaisir à partager le même grand bureau, Michelle s'installant sur la table de réunion.

Ainsi, plutôt que d'entrer dans un lieu aménagé de façon pratique, elles s'autorisèrent à inventer le mode de travail et de relation qui leur convenait et leur ressemblait. Rebecca était aux anges de ce nouvel aménagement. Les mois qui ont suivi ont vu l'activité et les contacts s'étendre, et le temps passé sur le projet, augmenter. Rebecca avait parfois du mal à concilier sa vie professionnelle et sa vie privée, mais je me demande si cela n'est pas inhérent à tout projet entrepreneurial.

Nous avons également procédé à un aménagement du coin bureau de Rebecca dans son appartement, mais il s'est avéré assez vite qu'elle ne l'utilisait pas, préférant laisser sa vie professionnelle en dehors de son domicile. En revanche, nous avons replacé le lit à une date favorable (y compris pour Paul) afin de mettre toutes les chances de leur côté. Le train est désormais en marche.

Béatrice range et change

L'appartement de Béatrice est situé à Paris, dans le treizième arrondissement. Elle vit seule avec son magnifique chat angora dans ce grand trois pièces. Elle a fait appel à moi pour repenser l'ordre et les couleurs de chacune de ces pièces. Bien que le Feng Shui ne soit pas une branche de la décoration d'intérieur, il s'avère que c'est souvent la clef d'entrée pour certaines personnes qui souhaitent repenser leur intérieur avec un supplément de « sens ». J'ai ainsi accepté d'aider Béatrice après lui avoir exposé par téléphone les principes du Feng Shui traditionnel et posé quelques questions.

Lorsque j'arrive, je découvre un immeuble relativement moderne, peu élevé, bien entretenu, situé à l'angle de deux rues, dont l'une est assez passante. L'architecture de l'ensemble est assez équilibrée. Je monte au troisième étage et la chaleureuse Béatrice m'ouvre sa porte. Alors qu'elle m'invite à entrer chez elle, je suis immédiatement frappée par la quantité d'objets, de papiers, petits meubles et autres bibelots qui s'accumulent partout. À ce stade, je ne dis rien…

Autour d'un thé, elle m'expose les grandes lignes de sa vie : en pleine reconversion dans le domaine des cours de cuisine (sa passion), elle passe pas mal de temps en formation et en stages. Elle se plaint de son poids qu'elle n'arrive pas à contrôler et des régimes qui ne marchent pas. Elle n'a ni enfants ni compagnon actuellement, et son nouveau métier est clairement sa priorité. Elle donne l'impression d'y trouver énormément de plaisir, après avoir eu un travail plus classique et même ennuyeux en entreprise. Elle est bien entourée par sa famille, notamment ses neveux et nièces, et par des amis proches. Bref, Béatrice ne s'ennuie pas et c'est clairement une personnalité dynamique.

L'appartement est très coloré : la cuisine est orange, le canapé du salon recouvert d'un tissu violet, le couloir de l'entrée est vert, une des chambres est bleue, et l'autre est restée étonnamment blanche. Ce côté arlequin sied plutôt bien à la personnalité de Béatrice, même s'il n'est pas visuellement de tout repos. Comme nous l'avons vu en entrant, chaque pièce, chaque recoin regorge de piles d'archives, de papiers administratifs, de magazines, mais aussi d'objets d'origines diverses, bibelots, livres, crayons, bougies. Assez rapidement, je lui annonce qu'elle va avoir un gros travail de tri et de rangement à faire si elle souhaite améliorer son bien-être quotidien, sa mobilité dans l'appartement, la circulation de l'énergie, sa clarté mentale, mais aussi la relation qu'elle entretient avec son corps et sa problématique de poids. C'est la condition pour profiter à fond des bienfaits du Feng Shui. Car dans ce cas précis, sans rangement préalable, mes recommandations ne servent quasiment à rien.

« J'AI PRIS CONSCIENCE QUE NOUS SOMMES À NOTRE PLACE LORSQUE NOUS FAISONS LE MÉTIER DONT NOUS AVONS BESOIN. »

Pendant qu'elle cogite sur le sujet, je dois éclaircir un point : il me faut déterminer quelle est la façade principale pour la prise d'orientation. L'entrée de l'immeuble, donc la façade officielle, est située sur une rue calme, mais je ne dois pas négliger l'autre façade orientée plein sud et donnant sur une large rue passante. Je m'interroge alors sur le côté le plus Yang, c'est-à-dire celui qui reçoit le plus d'énergie et influence le plus l'habitation. De plus, nous ne sommes pas loin de la Seine, et une telle quantité d'eau à proximité n'est pas négligeable. Je déduis finalement que c'est la façade du côté sud qui compte et je prends les mesures en conséquence. Ce point n'est pas négligeable car il peut fausser entièrement une analyse Feng Shui. Par ailleurs, je constate que le salon et la cuisine donnent de ce côté, que le mobilier est orienté de façon à faire face au sud (Yang), alors que les chambres et la salle de bains sont en quelque sorte « à l'arrière », côté rue calme (Yin). Je procède alors à mes calculs habituels afin d'identifier les forces et les faiblesses énergétiques du lieu. En amont, j'avais demandé à Béatrice ses coordonnées de naissance afin de pouvoir coupler ces informations avec celles du lieu.

Béatrice a conscience que l'accumulation d'objets et de papiers, mais aussi de vêtements, chaussures et accessoires dans ses placards, est un problème. Mais elle n'y arrive pas. Elle n'arrive pas à canaliser sa frénésie d'achats et encore moins à faire le tri, vider ses placards, jeter ce qui pourrait l'être. Nous l'avons vu dans le chapitre intitulé « *Non négociable : trier, jeter, ranger* », le rangement est indispensable. Il doit devenir un automatisme, un réflexe, une bonne pratique d'hygiène de vie. Deux fois par an au moins, par exemple au changement entre la saison froide et la saison chaude, il est important de choisir ce que l'on garde et ce que l'on donne ou jette. C'est vrai aussi des placards de la cuisine auxquels on ne pense pas suffisamment et dans lesquels s'accumulent quantité d'ustensiles pour créer des desserts improbables que nous ne ferons jamais, des casseroles et poêles que nous n'utilisons pas, des couverts dépareillés et bols cassés dont nous n'aimons pas nous servir, des épices et conserves périmées depuis des lustres (c'est du vécu). On peut faire le même constat dans certains placards de salles de bains, entre pots de crème, shampoings, savons, parfums, fers à friser, bouillotes, linge, etc. Ce que Béatrice vit, de nombreuses personnes y sont confrontées. Il y a généralement derrière ce comportement une clef psychologique inconsciente qu'il est important de débloquer avec l'aide d'un professionnel de l'accompagnement. Il me semble que l'hypnose ericksonienne est, à ce titre, une méthode à la fois douce et efficace pour créer un déclic et, si ce n'est venir totalement à bout des symptômes, les atténuer largement.

Côté cuisine, je laisse à Béatrice dont c'est le métier la liberté d'entreposer ses ustensiles, moules, appareils et ingrédients de professionnelle. Sa cuisine ressemble à un laboratoire, elle est exposée en pleine lumière, totalement ouverte sur le salon et c'est très bien comme cela. En ce sens, c'est la seule pièce qui ne donne pas l'impression de crouler sous des choses inutilisées. Sa vocation culinaire est si évidente que cette énergie créatrice la rend entière et lui permet de baigner dans son élément. De cette façon, elle n'a plus besoin, lorsqu'elle vit sa passion, de se « remplir » avec des objets et une énergie venant de l'extérieur. La cuisine la nourrit physiquement, certes, mais encore plus intellectuellement, émotionnellement et spirituellement. Plus elle ira dans ce sens, plus elle sera en capacité de se faire du bien dans tous les domaines de sa vie. Lorsque nous manquons de quelque chose ou de quelqu'un, il arrive souvent que nous cherchions à compenser ce manque par des éléments, des rencontres ou des événements extérieurs. J'ai pris conscience que nous sommes à notre place lorsque nous faisons le métier dont nous avons besoin. Ici, Béatrice en est l'exemple même. Elle qui cherche à contrôler son poids y arrivera probablement, d'abord en inventant la cuisine qui lui convient, mais aussi en accueillant avec bienveillance et en acceptant sans jugement la partie gourmande d'elle-même. Le chemin de cet apprentissage à travers ses formations culinaires et son futur métier de chef, peut aussi être celui de la guérison. C'est en quelque sorte le thème qu'a choisi l'Univers pour lui signifier son chemin de vie.

En conséquence, le bon Feng Shui de l'appartement de Béatrice va être en partie conditionné par sa capacité à accepter sa problématique d'accumulation et sa motivation à la transcender. À sa demande, je lui recommande de se faire aider à la fois psychologiquement – pas forcément dans le but d'entamer une longue psychothérapie, mais au moins pour apporter un éclairage et un possible déclenchement – et en faisant appel à des professionnels du rangement dont l'activité se développe de plus en plus, notamment depuis le best-seller de Marie Kondo[1].

Cet aspect psychologique de sa demande de Feng Shui a largement monopolisé notre temps lors de ma visite. Mais il n'en reste pas moins que nous avons pu identifier des points d'amélioration dans l'aménagement de l'appartement. Outre les recommandations de couleurs qu'elle souhaitait pour la pièce à vivre, et que je me suis prêtée à lui donner, le canapé devra être déplacé et légèrement réorienté à une date favorable afin de ne plus déborder sur l'entrée et ne pas obstruer le passage. La télévision qui prend énormément de place entre le salon et la partie salle à manger n'a jamais été fixée au mur. Il faudra cependant attendre quelques mois de plus, car son orientation est défavorable pour l'année en cours et il convient d'éviter tout perçage et tout mouvement dans ce secteur avant l'année suivante. La salle à manger est bien positionnée, mais je recommande à Béatrice de se placer face à l'est lorsqu'elle s'installe à table, que ce soit pour y travailler ou y prendre

1. *La magie du rangement*, Marie Kondo. Éditions First.

ses repas, car cela lui sera favorable pour ses projets et son activité. Quant aux deux chambres, il convient de les repenser un peu. La position du lit de Béatrice face à la fenêtre en entrant à gauche est bonne, mais son orientation est moyenne. Malheureusement, il n'y a pas d'autres combinaisons possibles et c'est souvent le cas dans les appartements. L'idéal serait de le placer dans l'orientation opposée, mais cela consisterait à le coincer contre un placard et un radiateur, et à le positionner en partie sous la fenêtre. Autant vous dire qu'il n'en est pas question. Je lui propose de replacer le lit dans la même orientation mais à une date favorable, ce qui lui permettra d'être dans le bon flux temporel. Il va également être important de créer une atmosphère plus reposante en choisissant des coloris plus doux et en désencombrant l'espace, notamment la commode qui croule sous les bibelots, bijoux et papiers.
Béatrice utilise la seconde chambre pour les amis et la famille de passage, mais aussi pour s'occuper de ses dossiers administratifs. Je constate en entrant que le volet est fermé et la pièce plongée dans le noir. Elle me confirme qu'elle ne l'ouvre jamais lorsqu'elle est seule. Vous imaginez bien entendu que je lui recommande de laisser entrer le qi chaque jour. Son large bureau occupe tout l'espace à droite en entrant dans la pièce. Des rangements ont été installés sur la gauche. Afin de bénéficier d'une visibilité et d'une bonne « Tortue » dans le dos, je lui propose de décoller le bureau du mur, de placer sa chaise entre le mur et le bureau c'est-à-dire de changer d'orientation. Ainsi plutôt que d'avoir la porte dans le dos, elle y fera face.

Pour une raison de gain de place, les bureaux sont souvent collés au mur, mais si vous en avez la possibilité, adoptez la position inverse.

J'ai eu des nouvelles de Béatrice six mois après notre première entrevue. Sa formation allait bon train, elle s'épanouissait de plus en plus et fourmillait d'idées, de collaborations et d'ateliers culinaires. Elle avait entrepris de trier et jeter ses papiers une fois par mois avec l'aide d'un ami. Cela lui demandait un gros effort et, chaque fois, son ami devait la motiver et la guider. Une fois le travail commencé, elle disait se sentir comme portée par un flux, un courant positif, et elle prit progressivement conscience du sentiment de bien-être que lui apporte cette dynamique de rangement régulière. Elle avait l'impression d'offrir plus de clarté à son esprit, mais aussi de désencombrer son quotidien. Elle s'était délestée de quatre à cinq kilos sans avoir entrepris de régime, ce qui constituait un début encourageant. Elle était consciente de l'ampleur de la tâche et se décourageait parfois à la vue de ce qui l'attendait. Mais comme elle est bonne élève, son ami-coach ne la lâchant par ailleurs pas d'une semelle, elle s'y remettait chaque mois avec courage et motivation, comme on va à la salle de sport pour faire des séries d'abdominaux ! Béatrice était en train d'expérimenter ce que j'appelle une nouvelle hygiène de vie intérieure, pratiquée avec régularité comme un programme de renforcement sur le long terme de son muscle « rangement ». Je n'ai aucun doute sur le fait que la vie de Béatrice continuera d'être riche, mais aussi davantage vécue dans la conscience et l'acceptation de soi si elle continue sur ce chemin.

La maison rêvée d'Anouk et Vincent

Travaillant essentiellement à Paris, j'ai finalement peu l'occasion d'accompagner des clients dans la construction de leur maison, et c'est bien dommage, car c'est une aventure à la fois passionnante et enrichissante. Passionnante parce qu'elle nous amène à être plongé dans l'intimité d'un couple ou d'une famille pendant des mois. Enrichissante parce que, tout au long du projet, nous devons tenir compte des contraintes des uns et des autres, qu'ils soient architecte, maçon, plombier ou décorateur, et apprendre de nos spécialités respectives. C'est ainsi que j'ai fait la connaissance d'Anouk et de Vincent, tout jeunes retraités qui souhaitaient donner un nouveau *twist* à leur vie, c'est-à-dire, un tournant qui implique autant le mouvement que la sérénité, la vitalité qu'apporte une vie sociale riche à l'extérieur (d'autant plus qu'ils ont fait le choix de s'installer dans une région dans laquelle ils n'avaient aucune attache) et la profondeur d'une existence paisible et chaleureuse à l'intérieur. En somme, l'enjeu était de les aider à commencer une nouvelle vie. Rien que cela.

Vincent m'a contactée alors qu'ils avaient déjà acheté le terrain et sélectionné l'architecte. Celui-ci venait tout juste de leur fournir les premiers plans, basés sur l'environnement, leur projet de vie et leur budget. Il y avait une contrainte non négligeable sur le morceau de terre qu'ils avaient choisi : dans la partie nord-ouest du futur jardin, se trouvait une mare. L'endroit était charmant et on pouvait aisément imaginer Anouk et Vincent dans quelques années se détendre sur une chaise longue en écoutant les grenouilles coasser par un soir d'été. En attendant, il fallait construire une maison autour et, qui plus est, une maison Feng Shui ! L'eau est probablement l'élément le plus important parmi les cinq éléments chinois (bois, feu, terre, métal et eau), mais aussi le plus délicat à contrôler car il s'avère particulièrement puissant. Ici, la mare était relativement petite et surtout tranquille, ce qui serait une énergie plus simple à canaliser que celle d'une maison au bord de l'océan.

Le plan initial proposait une construction avec un étage et un garage intégré, dont la forme épousait plus ou moins celle de la mare, tout en restant à distance de celle-ci. La porte d'entrée était située au sud-ouest, mais le plan adoptait plusieurs angles, ce qui donnait à l'ensemble une forme géométrique non identifiée, avec non pas quatre murs comme une maison carrée ou rectangulaire, mais au moins sept ou huit. Non seulement la mare nous empêcherait d'avoir une maison à la forme régulière, mais notre couple était aussi demandeur d'une construction originale. La première étape fut consacrée à l'écoute des besoins, des envies et des contraintes de chacun.

Au rez-de-chaussée, l'idée était d'entrer directement dans le salon pour aboutir sur une cuisine ouverte sur la grande pièce à vivre, qui donnerait des deux côtés de la maison, façade et mare. Une arrière-cuisine complèterait cet ensemble. De l'autre côté de la maison, une chambre avec une grande salle de bains ainsi qu'un petit bureau seraient réservés à Anouk et Vincent qui souhaitaient s'installer au rez-de-chaussée. Un accès au garage s'ajouterait à ce niveau. À l'étage, l'architecte avait prévu un dégagement avec bibliothèque, deux chambres pour les enfants et invités de passage, ainsi qu'une salle de bains et un grenier. L'escalier montait directement depuis l'entrée à laquelle il faisait face.

Mon analyse consistait à rendre l'ensemble le plus harmonieux possible, en tenant compte des orientations les plus favorables, à la fois pour la maison et ses futurs occupants. Les pièces dans lesquelles ils passeraient le plus de temps devaient ainsi recevoir le meilleur qi. Mais l'environnement avait son mot à dire, et il fallait aussi tenir compte du voisinage et de la végétation. On accèderait à la maison par un chemin la reliant à la route, côté ouest. De part et d'autre, trois maisons entouraient le terrain. La configuration donnait une impression de protection mais aussi d'isolement. Notre couple ne se sentirait-il pas trop seul au bout de leur allée ? Ou était-ce une volonté de protéger leur espace et leur vie privés ? Le qi était calme, car nous étions dans le quartier résidentiel d'un village. La mare était alimentée par la rivière proche, et je compris que le niveau de l'eau dépendait en partie de l'état des précipitations. Ainsi n'était-elle pas croupie comme je le craignais, mais bien « vivante » car régulièrement régénérée. Afin de faire de la présence de cette étendue d'eau un atout, l'orientation de la maison était déterminante. N'étant pas une spécialiste des réseaux d'énergie souterraine, je proposai à mes clients de faire intervenir un géobiologue. Son rôle consisterait, notamment, à détecter les cours d'eau souterrains qu'il serait important de canaliser énergétiquement et ceux à éviter à tout prix.

Anouk et Vincent firent appel à un géobiologue local qui leur avait été recommandé. Je n'ai pas été amenée à le rencontrer, mais il m'a transmis des indications précieuses pour positionner mes clients de la manière la plus sécurisante possible. Ainsi, leur chambre a été modifiée de façon à placer le lit sur une zone neutre du secteur nord, la tête de lit pointant vers le sud-est. C'était un bon point de départ car, passant entre sept et huit heures par jour dans notre lit, sa position influence nécessairement notre santé, notre vitalité ou encore nos projets. Dans l'ordre des choses et comme la forme de la maison serait inévitablement irrégulière, je choisis de prêter une attention particulière aux ouvertures qui font pénétrer le qi. Porte d'entrée, baies vitrées, fenêtres, portes-fenêtres, porte du garage devaient autant que possible être bien proportionnées et placées. Les axes de circulation comme l'entrée, les couloirs et dégagements, mais aussi les allées extérieures, devaient véhiculer le qi favorable. Mes recommandations n'étaient pas toutes faciles à intégrer pour l'architecte, et certaines ont été abandonnées. J'en ai l'habitude lorsque je travaille avec les entreprises. Nous devons toujours chercher le dénominateur commun entre nos disciplines respectives.

« CRÉER SON PROPRE ENVIRONNEMENT DE VIE EST UNE CHANCE ET UN PROJET INOUÏS. »

J'insistais sur l'importance d'une forme régulière des pièces à l'intérieur de la maison, mais aussi de proportions justes. Avec le recul, nous avons sous-estimé sur les plans la taille de la cuisine et il s'avère qu'elle est, à l'usage, un peu petite par rapport au mode de vie d'Anouk et Vincent qui aiment tous les deux cuisiner. J'ai proposé de modifier le seuil de façon à en faire une véritable entrée, même si cela impliquait de mordre un peu sur le salon, mais aussi pour aménager différemment l'accès à l'étage par l'escalier. En effet, celui-ci faisant directement face à la porte, le qi n'aurait qu'une idée : monter directement au premier étage. Nous avons convenu de reculer un peu l'escalier ainsi que de dévier et ralentir le cours du qi en imaginant un petit mur végétal qui serait placé face à la porte au bas de l'escalier.

Dans le salon, Anouk et Vincent souhaitaient de grandes baies vitrées de tous côtés. L'architecte et moi-même étions d'accord sur le fait qu'il manquerait alors des points d'appui, notamment pour positionner leur canapé sans se sentir en danger, ainsi que quelques autres meubles. Je proposai alors de conserver les baies vitrées dont l'orientation était la meilleure, c'est-à-dire au sud et au sud-est.

La chambre et la salle de bains du couple, situées au nord, devaient être accueillantes et chaleureuses malgré le manque de lumière. Les couleurs, matières et formes nous aideraient en ce sens lors des choix de décoration. Ici aussi, nous avons un peu sous-estimé la taille du dressing afin de conserver une grande chambre. J'ai appris à cette occasion que ces pièces qui n'en sont pas vraiment méritent d'être particulièrement pensées.

À l'étage, les deux chambres permettaient de positionner les lits dans deux orientations différentes, ce qui donnait le choix à nos clients de l'aménagement intérieur. Là aussi, les partis pris décoratifs feraient le reste. La salle de bains serait aménagée avec des matériaux naturels dans des tons de terracotta. Quant au dégagement sur le palier, il servirait de salon télé avec grand écran.

Dans cette analyse, le plus nouveau et important pour moi a été de me projeter sur le papier et non directement sur le lieu de vie. Je suis admirative du travail des architectes qui partent de zéro ou presque. Bien sûr, la configuration du terrain et les envies des clients sont des points de départ relativement précis et cadrés, mais il me semble que les meilleurs architectes sont ceux qui réussissent à combiner les données techniques avec leur ressenti du lieu et du mode de vie de leurs clients. Se mettre à leur place lorsqu'ils auront investi leur maison, alors que nous en sommes à peine à la première esquisse, est un exercice créatif intense. En tant qu'experts en Feng Shui, nous devons faire appel aux mêmes ressources : informations techniques pures, écoute du lieu, connaissance des habitants. La bienveillance, la souplesse et le talent de nos jeunes retraités ont été pour beaucoup dans la bonne réalisation de ce chantier. Ils avaient énormément réfléchi en amont à ce qu'ils souhaitaient vivre dans cette maison, comment et avec qui. Cette démarche nous a facilité la tâche. En s'impliquant en profondeur dans leur projet, ils ont, sans s'en apercevoir, progressé dans la connaissance d'eux-mêmes, individuellement et dans leur couple.

À ce stade de leur vie, ils nous avaient demandé de privilégier les énergies favorables à leur santé et leur vie sociale, deux piliers de longévité. Nous avons aussi créé à l'extérieur un environnement ouvert mais protecteur, en harmonie avec la nature. Nous avons privilégié les courbes dans les allées, les terrasses et les massifs, ainsi que la conservation du patrimoine végétal. La maison se situant à l'orée d'un bois, la présence de chênes est une force bénéfique.

Cette expérience m'a donné envie de construire ma maison Feng Shui un jour. Créer son propre environnement de vie est une chance et un projet inouïs. Il en va de la connaissance de soi comme de la confiance en soi pour assumer ses choix. Un jour, je l'espère, je construirai la maison de nos rêves, celle qui nous permettra de concilier notre amour de la nature, le lien avec ceux qui nous entourent, le goût de la découverte et de l'inattendu, conjugués avec le sentiment de protection et de chaleur. Harmonie intérieure et ouverture sur le monde, en somme.

Conclusion

Adoptez la Flow Life

Écrire ce livre a été pour moi l'occasion de revenir sur une bonne partie de mon parcours, de prendre conscience de mes avancées, des enseignements reçus, mais aussi de mesurer encore et toujours à quel point je suis chanceuse d'avoir accès aux dimensions psychologique et spirituelle de l'être humain. Cela me permet également de réaliser le chemin qu'il me reste à parcourir afin d'atteindre, non point la sagesse (peut-on vraiment être sage ? N'est-ce pas lorsqu'on atteint la sagesse que tout s'arrête ici ?), mais peut-être ce point d'équilibre que je nomme « *harmonie intérieure* ». Mon objectif n'est pas d'être riche ou exceptionnelle, je suis beaucoup plus ambitieuse que cela. Mon ambition est d'être bien. Car c'est lorsque nous sommes arrivés à ce point précis que nous pouvons aider et accompagner vers la lumière, la libération ou le pardon, ceux qui en ont besoin. Je ne veux pas cesser d'apprendre et de chercher, car c'est la quête qui donne son goût à la vie. Cela passe par le dépassement de soi, qui demande confiance et courage, l'acceptation, qui mobilise l'humilité et le lâcher-prise, la créativité, qui est la source de toute joie. Chercher, c'est enquêter, découvrir, gratter toujours plus loin et plus profondément. Chercher, c'est tenter, essayer, se tromper, accepter, changer, tomber, se relever, bondir, ralentir, ouvrir, fermer, rire, pleurer.

Nous qui sommes dans le développement personnel, ne pouvons pas faire l'économie de ces états émotionnels, car nous devons apprendre à les décrypter et les accueillir. Une vie est faite pour apprendre. Si vous avez la sensation de ne plus rien apprendre, réveillez-vous ! Prenez des cours, de piano, de solfège, de philosophie, de chinois, de shiatsu, de couture, de mécanique, de boxe, de botanique, ce qui vous fait vibrer, mais apprenez ! S'il n'a jamais été aussi simple et peu coûteux de suivre des formations, c'est parce que nous sommes dans une ère qui nous demande d'engranger des connaissances, d'explorer de nouvelles façons de faire et d'être. C'est une ère dédiée à la créativité, faite pour que chacun puisse inventer la vie qui lui ressemble « à l'intérieur », c'est-à-dire en accord avec ses valeurs et ses besoins. Pour beaucoup d'entre nous, nous avons la chance de pouvoir combler des besoins tels qu'avoir un toit et manger chaque jour, un emploi et les moyens de nous soigner. Il est temps de monter dans cette hiérarchie des besoins pour tendre vers l'accomplissement de soi. Cela passe par sécuriser nos besoins d'aimer et d'être aimé (c'est le sentiment d'appartenance), mais aussi celui de se sentir utile et reconnu (c'est l'estime). Comme nous l'avons vu précédemment, cette pyramide des besoins théorisée par le psychologue américain Abraham Maslow dès les années 1940, résume aujourd'hui encore assez bien l'évolution psychologique et sociologique de l'homme moderne.

Ce que j'appelle la *Flow Life* concourt au besoin de s'accomplir. Le *flow* (« flux » en français) incarné par le courant de la psychologie positive, a été théorisé par le psychologue hongrois Mihaly Csikszentmihalyi (ne me demandez pas de prononcer son nom !) comme « *la psychologie de l'expérience optimale* ». Nous avons déjà tous connu des moments de « *flow* », lorsque nous sommes extrêmement motivés et concentrés sur une tâche qui nous donne la sensation de nous élever. Lorsque nous sommes au bon endroit, au bon moment et que cela nous procure un sentiment de joie intense. Soyons réalistes, la *Flow Life* que je vous propose ne requiert pas d'être en état permanent d'éveil tel Bouddha adossé à son arbre sur sa fleur de lotus, mais de tendre vers cet état de conscience d'une façon transversale dans tous les domaines de votre vie, et pas seulement quelques minutes de temps à autre lorsque vous méditez. Vous devez incarner et transmettre vos valeurs dans votre vie personnelle et professionnelle, que ce soit dans vos relations avec votre belle-famille, votre patron, le primeur ou le contrôleur du train. Vous voulez vivre dans la joie ? Offrez de la joie. Ce matin, un ouvrier m'a offert mon café au comptoir, « *parce que vous êtes entrée avec le sourire et que ça m'a fait du bien* », m'a-t-il dit. On ouvre des trésors d'humanité avec un sourire sincère et une pleine conscience active. Il y a quelques jours, c'est avec le caissier du supermarché que j'ai eu une discussion riche sur la vie après la vie. Auparavant, j'ai été charmée par une conversation avec le serrurier sur le bouddhisme. Furtifs et inattendus, ces échanges de qualité me portent et m'élèvent. Et qu'est-ce que j'aime être surprise !

« VOUS VOULEZ VIVRE DANS LA JOIE ? OFFREZ DE LA JOIE. »

Sur mon chemin, je ne cesse de rencontrer des personnes inspirantes, des femmes initiatrices, des hommes guides, des enfants lumières, et même des animaux troublants. Je veux ici rendre hommage à mes parents qui m'ont donné le goût de l'harmonie intérieure dès mon plus jeune âge, mais aussi à mon mari qui est le premier à m'avoir révélé que ce sont les enfants qui choisissent leurs parents. À l'époque, j'avais à peine plus de vingt ans et ne me posais pas encore toutes ces questions. J'étais loin d'avoir les clefs pour intégrer le sens de cette phrase. Avec le recul, il m'est apparu évident que je ne pouvais faire ce voyage qu'avec lui, j'ai en partie compris le sens, la profondeur et ce qui fait l'intemporalité de notre lien, tout comme les raisons de notre rencontre dans cette vie. Je suis pleine de gratitude envers l'Univers qui me permet de boucler une boucle avec cette union. Au quotidien, Alain me permet de m'épanouir. Sans lui, je n'aurais pu embrasser cette nouvelle carrière dans le développement personnel et le Feng Shui. C'est lui qui, le premier, a cru en moi et m'a encouragée. Sans lui, je n'aurais pu avoir cette vie de famille qui me comble tant. Sans sa présence, je n'aurais pu atteindre le niveau de conscience qui me guide aujourd'hui.

Monter en conscience est le vœu que je fais pour chacun de vous qui lisez ces lignes. C'est clairement une voie de guérison de nos chocs émotionnels et autres égratignures de la vie. C'est un travail personnel, voire solitaire, même si l'on reçoit beaucoup d'aide sur le chemin à travers nos lectures et nos rencontres. C'est aussi une œuvre de longue haleine qui nous demande patience, persévérance, pratique, investissement.

Je ne vous engage pas à être heureux par-dessus et malgré tout, car cela paraît bien irréaliste. Mais dans ce voyage, je vous propose d'ouvrir plus grand les yeux pour être émerveillé, plus largement vos poumons pour être inspiré, plus simplement vos mains pour apprendre à donner et recevoir, plus savamment vos oreilles pour ne plus seulement entendre mais écouter, plus dignement votre cœur pour être ému et ne plus juger. « *On ne voit bien qu'avec le cœur, l'essentiel est invisible pour les yeux* », disait Antoine de Saint-Exupéry dans *Le Petit Prince.* Si vous continuez de juger vos actions et celles des autres en fonction de ce que vous considérez comme étant le bien ou le mal, vous continuerez de souffrir. Changez de point de vue et positionnez-vous sur ce qui est juste ou non pour vous. Qui sommes-nous pour juger les comportements des autres en fonction de nos critères ? Que connaissons-nous réellement de leur passé, de leur souffrance et des frustrations qui les amènent peut-être à agir de façon maladroite envers les autres ? Je ne parle pas ici d'actes graves mais de comportements que nous rencontrons dans nos échanges quotidiens avec ceux que nous aimons et apprécions. Nous sommes légitimes pour parler de nous-même et de nos ressentis, et nous sommes responsables lorsqu'il s'agit de mettre des limites et dire « *Stop ! Cela ne me convient pas* ». Je ne crois pas que l'homme soit fondamentalement mauvais, je crois que c'est la souffrance, la peur ou la douleur qui nous poussent parfois à être durs. « *Pourquoi la sorcière est-elle méchante ?* », demande Kirikou[1] dans le dessin animé issu du conte africain plein de finesse qui porte son nom. « *Elle est méchante parce qu'elle souffre* », lui répond le Sage. L'épine qui a été plantée dans son dos la fait horriblement souffrir et elle est encore plus terrifiée à l'idée de la douleur qu'elle ressentirait si on venait à la lui enlever. Souffrant de l'intérieur, elle fait souffrir « l'extérieur », les autres. Kirikou, assez rusé pour lui monter sur le dos, la libère de cette épine et la sorcière retrouve alors sa bonté, c'est-à-dire sa vraie nature.

Parce que nous sommes humains, nous sommes faits d'expériences imparfaites. Liens entre la terre, matière, et le Ciel, conscience, nous sommes ici pour expérimenter, apprendre et nous élever. Je laisse le mot de la fin à Christophe André[2] en faisant le vœu que chacun de nous mesure la portée de sa responsabilité : « *Nous sommes en charge du climat qui règne sur cette terre.* »

1. *Kirikou et la sorcière*, long-métrage d'animation de Michel Ocelot, 1998.
2. *La vie intérieure*, Christophe André. Éditions de L'Iconoclaste.

Bibliographie

• *Être parent en pleine conscience*, Jon et Myla Kabat-Zinn. Éditions Pocket.
• *La symphonie du vivant - Comment l'épigénétique va changer votre vie*, Joël de Rosnay. Éditions Les Liens qui Libèrent.
• *La magie du rangement*, Marie Kondo. Éditions First.
• *L'art de la simplicité* et *L'art de l'essentiel*, Dominique Loreau. Éditions J'ai lu.
• *Au cœur de notre corps*, Marie-Lise Labonté. Éditions Pocket.
• *Calendrier Feng Shui*, Badema, chaque année.
• *3 kifs par jour*, Florence Servan-Schreiber. Éditions Marabout.
• *Intuition*, Maître Osho. Almasta Éditions.
• *Yi Jing - Le livre des changements*, Cyrille J.-D. Javary. Éditions Albin Michel.
• *Le pouvoir du moment présent*, Eckhart Tolle. Éditions J'ai lu.
• *Yin Yang - La dynamique du monde*, Cyrille J.-D. Javary. Éditions Albin Michel.
• *Un merveilleux malheur*, Boris Cyrulnik. Éditions Odile Jacob.
• *Le livre du Hygge - Mieux vivre - La méthode danoise*, Meik Wiking. Éditions Pocket.
• *L'étonnant pouvoir des couleurs*, Jean-Gabriel Causse. Éditions Le Palio.
• *Shinrin Yoku, l'art et la science du bain de forêt*, Dr Qing Li. Éditions First.
• *La purification des chakras*, Doreen Virtue. Éditions ADA Inc.
• *Les blessures du silence*, Natacha Calestrémé. Éditions Albin Michel.
• *Le Petit Prince*, Antoine de Saint-Exupéry. Éditions Folio Junior.
• *La vie intérieure*, Christophe André. Éditions Iconoclaste.

Mais aussi ces livres qui ont touché et changé quelque chose en moi :
• *Les accords toltèques*, Don Miguel Ruiz. Éditions Jouvence.
• *La solution intérieure*, Thierry Janssen. Éditions Pocket.
• *La voie du Feng Shui*, Marie-Pierre Dillenseger. InterÉditions INREES.
• *Le test*, Stéphane Allix. Éditions Albin Michel.

Direction Hachette Pratique : Catherine Saunier-Talec
Responsable éditorial : Stéphane Rosa
Édition : Séverine Corson-Schneider et Léa Delourme
Responsable artistique : Nicolas Beaujouan
Conception couverture : Nicolas Gallois
Création graphique et mise en pages : Florence Cailly
Textes : Caroline Lamassoure
Illustrations : Christian Staebler
Relecture et correction : Margo Vitrac
Fabrication : Cécile Alexandre
Photogravure : Chromostyle
Responsable communication : Johanna Rodrigue
Responsable partenariats : Sophie Morier (smorier@hachette-livre.fr)

Achevé d'imprimer en mars 2019 par Macrolibros en Espagne
Dépôt légal : avril 2019
3968712/01
ISBN : 978-2-01-627756-0

Pour l'éditeur, le principe est d'utiliser des papiers composés de fibres naturelles, renouvelables, recyclables et fabriqués à partir de bois issus de forêts qui adoptent un système d'aménagement durable. En outre, l'éditeur attend de ses fournisseurs de papier qu'ils s'inscrivent dans une démarche de certification environnementale reconnue.

PAPIER À BASE DE FIBRES CERTIFIÉES

hachette pratique s'engage pour l'environnement en réduisant l'empreinte carbone de ses livres. Celle de cet exemplaire est de : 350 g éq. CO_2
Rendez-vous sur www.hachette-durable.fr